Homo numericus

La "civilisation" qui vient

Daniel Cohen

AI時代の感性

デジタル消費社会の「人類学」

ダニエル・コーエン

林昌宏 訳

白水社

ＡＩ時代の感性

デジタル消費社会の「人類学」

目次

第二部　現実への回帰

凡例

行間の‡番号は、原注として巻末に収録する。

本文における〔　〕は、訳者による補足である。

読みやすさ、理解のしやすさを考慮し、原文にはない改行を適宜加えた。

スザンヌに捧ぐ

そして、あなたは彼女を信頼できることを知っている。
彼女は自身の心であなたの完璧な肉体に触れたから。

レナード・コーエン

イントロダクション

大ヒットしたイギリスのテレビドラマ・シリーズ『ブラック・ミラー』に次のようなエピソードがある。ある若い女性が妊娠したと知った日、夫が交通事故で死亡した。ＡＩ（人工知能）は、死んだ夫の電話の会話、動画、電子メールを詳細に調べ上げ、デジタル技術によって死んだ夫を完璧に蘇らせる。こうして蘇った夫は、彼女の投げかける質問によどみなく答える……。想像しうる近未来を描き出すこのシリーズでは、新たな技術の限界を見出すのではなく、そうした技術を受け入れるわれわれの許容度を探る。つまり今後、障害となるは技術的な問題ではなく、社会的、心理的な問題になるという想定だ。

死者の「歴史」を調べ上げて蘇らせるというアイデアは、不気味であると同時に信憑性がある。ＡＩを搭載するソフトウェアは、利用者の人格に潜入し、利用者の声質、表情、言葉遣いの特徴、そして気質や願望を把握する。今日、多くの企業や大学がオンラインで採用活動や出願受付を行なっており、志望者の人数は数万人にもおよぶことがあるため、志望者はＡＩによって絞りこまれる。最終段階である人間の面接官に会えるのは、ごく一握りの志望者だ。

恋愛にもこうした仕組みが活用されている。社会学者エヴァ・イルーズ〔一九六一―〕が詳述するように、恋愛関係はティンダーのような出会い系サービスを提供するソフトウェアによって産業化された。相手を口説く時間は短縮され、愛は「一発やる！」《ジャスト・ファック》ことに成り下がった。

新たなアルゴリズムは、われわれの感情、欲望、不安を操り、人間関係を一変させる。こうして、新たな経済、新たな感性、新たなイデオロギーが登場する。産業革命時と同様、社会とその表象は、デジタル革命によって根底から見直されている。

新たな社会では、掃除機や洗濯機などのモノを購入するのではなく、個人であれ集団であれ、自身の幻想を消費することが目的になる。経済学風に言えば、デジタル革命は「ポスト工業化社会の産業化」だ。すなわち、土地を耕したりモノを製造したりするのではなく、人間の身体や想像力、つまり、人間そのものを相手にすることが活動の本質になる。その証拠に、オンライン上では、娯楽、教育、医療、求愛などが、低コストで利用できるようになった……。

この大変革の触媒になったのがコロナ危機の拡大だった。コロナ危機の勝者は、アマゾン、アップル、ネットフリックスなどの企業だった。外出禁止期間中、これらの企業の時価総額は急増した。これらの企業により、テレワークが可能になり、店に行かなくても買い物ができるようになり、劇場やコンサート会場に出向かなくても気晴らしができるようになった。

デジタル資本主義の狙いは、身体的な相互作用コストの削減であることが明らかになった。デジタル資本主義は、収益を生み出すために人間関係から肉体を奪い、人間関係を非物質化する。

アルゴリズムが社会で担う役割は、過去に労働組織において組み立てラインが果たした役割と同じだ。最適化されるのは身体の管理だけでなく、人間の魂や心も「テーラー化」される。検索エンジンは、気に入ってもらえるだろう出会い系サイトやオピニオンサイトへとネット利用者を誘導し、彼らを新たに誕生したデジタル・ゲットーに幽閉する。新たな資本主義は人間関係の「効率的な管理」に固執する一方で、非合理的で直情的なホモ・ヌメリクス〔デジタル人間〕をつくり出す。

認知神経科学者ミシェル・デミュルジェ〔一九六五―〕は『デジタル馬鹿』〔鳥取絹子訳、花伝社、二〇二一年〕において、「画像、音、誘惑の洪水は、集中力の欠如、多動性障害、中毒症状を引き起こす」と論じている。ソーシャル・ネットワークは新たなアゴラ、つまり、アイデアの流通および交換といった議論の場になるどころか、人々の論争を過激化させている。こうした新たな「会話」では、敵に対するヘイトスピーチが横行する。ネットで検索するのは情報ではなく信念だ。信念は一般的なモノと同じように消費される。劇作家ルイジ・ピランデルロ〔一八六七―一九三六〕の戯曲のように、誰もがデジタル百貨店で自分に都合のよい「真実」を見つけ出すのだ。

テクノロジーだけが文明の鍵を握っているという決定論を妄信してはいけない。現在進行中の変革を理解するには、この変革に至るまでの歴史的な推移に目を向ける必要がある。デジタル革命により、企業、労働組合、政党、メディアなど、工業社会を構築していた組織制度は崩壊寸前だ。この過程自体は一九八〇年代のリベラル化がもたらした直接的な産物であり、あらゆる分野において、市場拡大、競争原理の導入、仲介組織の排除が試みられた。

製造業に従事する企業は組織を再編成する過程において、作業の外部委託と報酬の個別化を検討している。コロナ危機が残した遺物のなかでも最も続くと思われるテレワークも、そうした再編成の過程の一部だ。

デジタル社会は奇妙なことに、一九六〇年代のカウンターカルチャー、そして権力や制度といった垂直方向の社会構造に対する批判を糧にしている。自由主義革命に敗れた六〇年代の精神は、ソーシャル・ネットワーク内を亡霊のようにさまよい、ソーシャル・ネットワークが体制側となったにもかかわらず、これらのネットワークに反体制的な空気を醸しだそうとしている。

アメリカの思想フレドリック・ジェイムソン〔一九三四―〕がポストモダンについて語ったように、現在進行中の移行は、文化革命時の言葉を用いながらその革命の政治的な失敗を「取り繕っている」。年老いたイサクなら「それはボブ・ディラン〔一九四一―〕の声だが、マーガレット・サッチャー〔一九二五―二〇一三〕の手だ」と呟いたに違いない。‡1

このような奇妙な親を持つデジタル人間は、孤独とノスタルジー、そしてリベラルで反体制的な精神をあわせ持つ。デジタル人間は、架空の共同体をつくり出して孤立から逃れようとする個人の集合体となった社会の罠に嵌《はま》った。

「一人の人間がさまざまな会話に並行して参加できる社会」というのは神話に過ぎない。「黄色いベスト運動」〔二〇一八年に起きたフランス政府への抗議運動〕の参加者たちは、社会的な孤独は最も深刻な悪だと声高に主張した。フランス社会学の創始者デュルケーム〔一八五八―一九一七〕によると、社会的な孤独こそが自殺の原因だという。参加者たちはバーチャルな絆では人間同士の生身の欲求を癒すことができないと訴えた。

フランスの精神分析家ピエール・ルジャンドル〔一九三〇―二〇二三〕は、「人間は精神的な才覚を超えて暮らしている」と評した。この寸言は次のように言い直すことができる。「人間は精神的なものであれ環境的なものであれ、自分たちの才覚を超えて暮らしている」。

今世紀初頭から勃発する数々の大災害からは、「現実の世界」が変調をきたしていることがわかる。コロナ危機やウクライナ戦争といった大惨事が続発すると、われわれは現実の暮らしがビデオゲームではないと思い知った。

よいニュースとしては、われわれが暮らしているのはテレビドラマ・シリーズのSFの世界ではないということだ。われわれの暮らしはテクノロジーの支配下にあるわけではない。テクノロジーの役割は社会的な傾向を増幅させることだ。つまり、テクノロジーは、われわれの潜在的な欲動を具体化するが、そうした欲動を生み出しはしない。

デジタル革命は、胸躍る道筋を標榜しているとも言える。それはあらゆる意見が聞き入れられる世界に向かうという道筋だ。デジタル革命が探求するのは文明史上前例のない新たな暮らしであり、それは水平的かつ世俗的であろうとする社会だ。つまり、それは工業社会のような垂直構造型の社会や農耕社会のような宗教社会ではなく、迷信は別としても狩猟採集民の社会に近いのかもしれない。

こうしたユートピアが意味することを理解するだけでも長い道のりだ。ソーシャル・ネットワークは、ユートピアを実現するためのツールになるが、われわれはこれらのツールの使い方を根本的に変えなければならない。すなわち、この挑戦に取り組む際には、自分たちが抜け出したい社会が提供する手段を用いて望ましい社会を構想するという、途方もない想像力が必要なのだ。

第一部

デジタル幻想

第1章　身体と心

ターミネーター

アルキメデスは地面を持ち上げるための梃《てこ》をつくろうとした。産業革命時と同様、デジタル革命にも単純な目的があった。すなわち、人間の労働をより「生産的」にすることだ。しかしながら、デジタル革命と過去の革命を比べると、根本的な違いが明らかになる。それは梃になるのと同時に持ち上げられる塊になるのが人間自身だということだ。生物学だけでなくSFの影響も受けていると思われるヤン・ルカン（YLC）〔一九六〇―〕とスタニスラス・ドゥアンヌ（SD）〔一九六五―〕という二人の傑出した人工知能学者の対話からは、デジタル革命の企みを窺《うかが》い知ることができる。

SD　「脳と機械のインターフェースというアイデアには、大きな将来性がありますね。高速インターフェースを通じて脳を補助システムに接続すれば、脳はより効率的に機能するはずです。そして将来的に、脳と機械という組み合わせは、長きにわたって無敵の存在になるに違いない」

YLC　「まったく同感です」

SD　「磁場を感知するチップをネズミの脳に埋め込めば、ネズミも鳩のような方向感覚を得ることができるはずです」

YLC　「私は置き換えでなく補充だと思う。宇宙は進化するにつれて複雑になっている。知性は進化するが、知性が人間のものであり続ける必要はないでしょう」

この対話からは、映画『ターミネーター』が専門家の思考に影響をおよぼしたのではないかと思いたくなる。しかし、人間の脳が機械と交信するというアイデアは、すでに夢物語ではない。二〇一八年、四肢麻痺の患者は、脳に埋め込まれたインプラントにより、外骨格スーツを自身の思考によって制御しながら歩行できるようになった。[‡1]

世界中の軍隊も人間の肉体とシリコンを組み合わせるという、この試みに大きな関心を抱いている……。『ル・モンド』[‡2]紙に掲載された、身体能力を増強した「拡張兵士」に関する記事を紹介する。兵士の皮膚の下にチップを埋め込めば、戦場での情報の送受信が可能になるという。二〇三〇年ごろには、これらの進歩は「高周波音や低周波音を聴覚するための耳の手術、さらにはインプラントによる兵器システムの制御」が可能になるかもしれないという。

一八人の民間人と軍人からなるフランス軍倫理委員会は、こうした開発から生じるだろう議論を意識して二〇ほどの勧告を出した。たとえば、兵士の「拡張」に関する「恩恵／リスク」を分析する際は、「特定の電波や電子部品」が身体におよぼす恐れのある副反応も考慮すること、これらの拡張の可逆性についても調査すること、「人間性の喪失を招く、また人間の尊厳を守るという原則に反する恐れが高いと推定される拡張」は禁止することなどだ。この倫理委員会は「武器の使用に関して兵士の自由意志が損なわれる恐れのある認知能力の拡張」も禁じている。同様に、「優生学的あるいは遺伝学的な手法、兵士の社会への統合や市民生活への復帰を危うくする恐れのある拡張」も禁じるという。これらの勧告の内容には安堵させられる。

ＳＦ世界の想像力が軍事に向かうときは要注意だ。というのも、革新的なテクノロジーの実験場は常に戦場だったからだ。インターネットやＧＰＳ（全地球測位システム）は、アメリカ国防総省から誕生した最近の事例だ。

しかし、テクノロジーは社会の要求を満たさなければ開花しない。

グーグルグラスは画期的な技術だったが、失敗に終わった。一方、フェイスブックは軽薄な学生の玩具だった（大学のキャンパスで一番かわいい女の子を選ぶために開発された）が、世界を制した。両者の場合とも、その原因を探る必要がある。

新たに登場した社会がわれわれの暮らしやメンタリティを揺るがす様子を叙述する際には、次に掲げる二つの対称的な罠を回避しなければならない。

一つめの罠は、テクノロジーが自律的な力を持つと捉えることだ。一般的に、テクノロジーにそうした力はない。

二つめの罠は、逆に、テクノロジーの破壊的な力――テクノロジー自体がしばしば引き起こす不均衡に関し、テクノロジーが導く脇道を過小評価することだ。発明者の当初の意図と最終的な用途との間には、きわめて大きな隔たりがある。歴史において印刷機やテレビがそうであったように、ＡＩのような過激な発明を目の当たりにして疑わしさを感じる原因の一つは、社会が無生物ではないからだ。社会や政治の動向、そして普遍的な意識は、テクノロジーが影響をおよぼす範囲を変化させる。

デジタル革命を叙述するのは、定められた運命を語ることではない。それはこの革命の本質を探求し、リスクを把握し、革命を制御する手段を確保することだ。これこそが真の課題である。

理性と感情

流れ作業が導入されると、人間は機械になった。そして今日、ＡＩが導入されると、今度は機械が人間になった。ＡＩは人間の認知力と機械の能力を高めるだけでなく、人間をお払い箱にすることができる。地下鉄駅の改札から切符切りがいなくなった。大型スーパーのレジ係もまもなく姿を消すだろう。

コンピュータやAIよりも人間のほうが優位にあるのは、どんなことだろうか。人間がコンピュータやAIに対抗するためには、人間は脳に電極を埋め込まなければならないのだろうか。それとも人間は、愛する、笑う、泣くなど、機械にはできない作業に特化することになるのだろうか。その場合、アルゴリズムにシステムの集合知を委ねることになるのだろうか。

これらの問いに答えるには、哲学や生物学が何世紀にもわたって探求してきた問いを再び探求しなければならない。それは神々や動物ではなく自分たち自身が生み出した技術との関係における「人間とはいかなる存在なのか」という問いだ。

人間は身体と精神であり、機械はそのどちらでもない。では、人間の精神について考察してみよう。人間は世の中に関する理論を自発的につくり出す。人間は生後九か月になると、重力の法則を理解する。玩具を投げ、それが予想した通りに落下するのか確認するようになる。人間は幼いころから無生物と生物を区別できる。二、三頭の象を見ただけで、この不思議な動物の特徴を把握し、絵本に描かれた象を見つけ出すことができる。一方、機械がこうしたことを自発的に行なうことはできない。一頭の象を認識できるようになるには、数百万頭の象の写真をスキャニングしなければならない。

山道を初めて走る人間のドライバーは、谷底に落ちた経験がなくても、路肩に寄り過ぎてはいけないと知っている。一方、機械のドライバーが安全運転するには、何百万回ものバーチャルな事故が必要になる。一般に思われているほど、機械は賢くないのだ。

人間には、風、星、自分たち自身など、あらゆることに関する理論をつくり出す特性がある。自身の経験だけから世の中を理解するには、人生はあまりにも短い。謎に満ちた世の中において自身の立ち位置を知るには、概念が必要になる。行動経済学でノーベル経済学賞を受賞したリチャード・セイラー（一九四五—）が述べたように、人間の時間と知性には限りがある。そこで人間は、直感的なルールに従い、判断し、決定を下す。

われわれはビル・マーレイ主演の映画『恋はデジャ・ブ』（一九九三年）のような世界で暮らしているのではない。この映画の主人公は、毎朝目覚めるたびに前日と同じ日を繰り返す羽目に陥る。このようにして主人公は、その日のあらゆる可能性を把握し、自身の行動の結果を知ったうえで行動するようになり、アンディ・マクダウェルが演じる同僚の愛を勝ち取る。

ミラン・クンデラ（一九二九—二〇二三）の小説『存在の耐えられない軽さ』では、主人公トマシュは先ほどの映画と似たような問いを投げかける。「テレーザと一緒にいるべきか。それとも独りでいるべきか。人生は一度きりなので、人間は何を知るべきかを知ることができない。今の人生を前世と比較したり、後世で修正したりすることはできない」。クンデラは、人間の人生は演じるのが一回きりの演劇のようなものだと結論づけた。

過去にさかのぼって過ちを正すことはできない。われわれ人間は、自身の直感だけを頼りに行動しなければならないのだ。

人間は独りではなく他者と会話しながら考える。哲学者フランシス・ウォルフ〔一九五〇―〕は人間の「対話」の性質について語っている。[‡3] われわれがひらめくのは、他者との議論において対話者の発言から刺激を受けたときだ。われわれは、他者を説得するための議論を組み立てることによって自身の偏見をなくし、理性を研ぎ澄ませることができる。また、自己の思考は、自分自身との空想上の対話という形式によって整理される。

この点において、幼児が鏡に映った自分の像を、世界に属している自分の像として認める鏡像段階はきわめて重要だ。幼児は鏡で自分自身の姿を見ると、自分が他者から見られていると理解するようになる。霊長類もこうした特徴を持つ。額に紙切れの貼り付いたチンパンジーが鏡で己の姿を見ると、チンパンジーはその紙切れを額から取り除く。また、猿に仲間の猿が登場する映画を見せると、猿の脳は活性化する。生物学者アラン・プロシアンツ〔一九四八―〕によると、奇妙なことに、猿は人間よりもセルジオ・レオーネ監督の西部劇映画に強い反応を示すという。[‡4] 猿に映画『続・夕陽のガンマン』を見せると、猿の前頭前野が活性化することが観察された。これは人間には見られない反応だという。だが、この観察結果は猿というよりもセルジオ・レオーネ監督の西部劇について言えることなのかもしれない。

「Je sais que tu crois que je pense à toi (I know you think I am thinking of you)／私があなたのことを思っているとあなたが考えているのを、私は知っています」という言い回しは、人間だけが理解できる。人類学者ロビン・ダンバー〔一九四七―〕はこれを見事に説明している。[＊5]いわゆる第一志向とは、推定する、考える、自問する、信じるなどの動詞の利用からわかるように、自分自身の心の中身を省察する能力のことだ。こうした能力は、おそらくほとんどの哺乳類や鳥類にも備わっているに違いない。

より興味深いのは、「君がアプリコットを好きなのは知っているよ」という言い回しのように、他人の心理状態を代弁する言い回しだ。このより高次な能力は、第二志向と呼ばれている。人間は、六歳になって第二志向が操れるようになると、認知科学者が「心の理論」と呼ぶ心の機能を獲得する。すなわち、他者の考えは自分とは異なることを理解するようになるのだ。

「私があなたのことを思っているとあなたが考えているのを、私は知っています」は、第三志向の言い回しだ。では、どのくらいまで可能なのだろうか。

経済学者ジョージ・レーヴェンシュタイン〔一九五五―〕は、第四志向の明快な例を紹介している（段階とともに志向レベルも上がる）。

第一段階：あなたは足首をくじいた。よって、あなたは同僚に車で迎えに来てほしいと願う。

第二段階：あなたは自分が痛がっていることを同僚が知っているだろうと思う。

第三段階：ところが同僚は、自分があなたの怪我のことを知っているのを、あなたが知らないかもしれないと思う。

第四段階：同僚は自分がこの件を知らない可能性があるのをいいことに、あなたを迎えにこない。だからこそ、あなたは同僚を非難する。すなわち、あなたが非難するのは、あなたを迎えに行きたくないのであなたの怪我を知らないふりをする同僚の態度だ[*6]。

ダンバーによると、人間は第五志向まで操ることができるという。「私があなたを脅すつもりだとあなたに思わせようとしている〔＝脅すふりをしている〕とあなたが思っていると、私は推測する」〔je suppose [1] que vous croyez [2] que je veux [3] que vous pensiez [4] que j'ai l'intention de vous menace... [5] (I suppose you think I want that you think I intend to threaten you...)〕。

こうした技術を駆使するのが天才シェイクスピアだ。シェイクスピアは悲劇『オセロ』において四つの心を操る。イアーゴーは、デスデモーナはキャシオーを愛し、キャシオーはデスデモーナを愛している、とオセロに信じ込ませようとする。ところが、シェイクスピア自身は、これらすべてを信じるように観客を納得させなければならない。そこでシェイクスピアはすべてを自分自身で想像し、最低でも第六志向を利用して物語を組み立てる。

というのも、シェイクスピアは、イアーゴーがオセロたちに信じさせたいことを観客に理解させたいからだ。

このような離れ業ができるのは（優れた文才を持つ）人間だけだ。

他者の思考を映し出すこうした鏡ゲームでは、人間しか持たない資質が明らかになる。それはフィクションを生み出すことだ。

動物は物語が何であるかを理解できない。その理由は、物語を理解するための言語がないからだけではなく、物語が何であるかを把握する能力がないだろうからだ。仮に、動物に言語があったとしても、動物は語られた物語を額面通りに受け取り、存在しない世界の物語を把握できないだろう。チンパンジーは、「イアーゴーは出かけようとする……」と書いたり考えたりすることはできても、第二志向の認知能力に限界があるため、「イアーゴーは自分が出かけようとしていると周囲に思わせたい」という言い回しを理解できないはずだ……。

文化に結びついた文学を生み出せるのは人間だけだ。

小説家ナンシー・ヒューストン〔一九五三―〕は『奇想天外な人類』のなかで次のように語っている。「他の動物と違って人間の集団には、宗教、タブー、儀式、系譜、物語、魔法、歴史、想像力の駆使、ようするに、フィクションが存在する」。経済学風に言えば、人間の第一の比較優位がそこにある。すなわち、人間は存在しない世界を発明することができるのだ。問題は、人間がそうした世界を信じてしまうことだ。人間は創造的であると同時に信じやすい存在なのだ。

デカルトの「誤り」

人間に対して機械が担うだろう役割を理解するには、他にも重要な要素を考察しなければならない。人間は心だけの存在でなく、機械と違って身体で思考する。哲学者ミゲル・ベナサヤグ（一九五三―）は、これを見事に要約している。「情熱、欲動、長期記憶が刻み込まれ、両親や祖父母の記憶が生まれ変わるのは身体だ[*7]」。

十八世紀に信じられていた自動人形、またはサイバネティックスの理論家が提唱した「人間は情報単位の集合体として機能する」という考えは、もはや廃れた。ベナサヤグによると「われわれを食糧や性的パートナーへと導くのは感情だ」という。人類はこれらの肉体的な欲求に加えて知識という「身体的な」欲求を持つ。これとは逆に、ストレスは人間の行動力を抑制する。爆撃などの強烈な精神的ショックを蒙《こうむ》った人物は、マッチを見ただけでもパニックに襲われることがある……[*8]。

神経科学者アントニオ・ダマシオ（一九四四―）の『デカルトの誤り』（田中三彦訳、筑摩書房、二〇一〇年）によると、人間を行動させるのは感情だという。ダマシオは十九世紀に起きたフィニアス・ゲージという人物の事故を例に挙げ、これを説明している。

鉄道建築技術者の職長だった二十五歳のゲージは、発破作業の際に爆破事故に遭った。吹き飛んだ六キログラムもある鉄の棒が、彼の頭部を貫いた。この大事故にもかかわらず、ゲージは一命をとりとめ、二か月後には回復した様子だった。触覚、聴覚、視覚は回復したが、人格は変わってしまった。横柄になり、悪態をつくようになり、友人に敬意を示さなくなった。「ゲージの身体は健在だが、彼の身体には新たな魂が宿った」。この事故から医療関係者は、脳の損傷によって知的機能や言語能力に障害が生じなくとも、社会常識が失われる恐れがあることを学んだ。

ゲージの性格には社会常識の喪失以外にも驚くべき変化が生じた。彼はいろいろな計画を立てるのだが、どれ一つとして実行に移すことができなくなった。将来を予期する能力が完全に失われたのだ。

ダマシオの患者であり脳腫瘍を患ったエリオットも、ゲージと同じ併発障害に苦しんだ。発症後、知能は正常だったが、意思決定や数時間後の計画を立てることができなくなった。原因はまたしても前頭前野の損傷だった。エリオットは、知識を得ることはできても物事を感じることができなくなった。高度な計画を立てることはできても、立てた計画のうちどれを選べばよいかわからないのだ。

不確実な将来を見通し、それに従って行動計画を立てる。すなわち、社会生活を営むことは、愛、憎しみ、ストレス、安堵などの感情を覚える能力と密接に関連しているのだろう。つまり、人間は自分にとってよいことを判断する際、物事を「感じる」必要があるのだ。

「この街であの仕事を引き受けるべきだろうか……」といった難問のほとんどは、利点と欠点を並べたリストを眺めるだけでは解決できない。そうした難問の回答は、自己の身体から伝わる感情によって得られる。「これに決めた」という意見を発するのは身体なのだ。

スピノザは正しかった

ダマシオは『デカルトの誤り』においてデカルトを糾弾する一方、『感じる脳——情動と感情の脳科学　よみがえるスピノザ』（田中三彦訳、ダイヤモンド社、二〇〇五年）においてスピノザは正しかったと説いた。

バールーフ・デ・スピノザ〔一六三二—七七〕は、身体と心が不可分であることを明快に示した思想家だ。スピノザによると、人間を操るのは理性ではなく欲望だ。彼はそうした欲望を「自己の存在に固執する」ための努力と見なす。欲望は情熱ではない。情熱は「不適切な考え」と結びつくふさわしくない欲望から生じるという。

もし私が愛しているのに嫉妬で気が狂いそうなら、それは相手との関係がよくないからだ。自分にとって何がよいことなのかを理解し、情熱を、自分自身を向上させる行動、つまり、己の行動力を高める行動に転換させるのが知恵だ。

スピノザは喜びと悲しみという単純な二項対立から感情を類型化した。行動力が高まると喜びが生じる。これとは逆に、行動力が奪われたと感じると悲しみが生じる。ほとんどの場合、人間は自分にさまざまな欲求が生じる要因を自覚できない。しかしながら、己の欲望を外的および内的な要因と関連づけることはできる。このようにして、スピノザは愛を外的な要因をともなう喜びと定義した。[‡9] 身体と心の密接なつながりは、感情と感情をともなう観念との結合において強固になる。これが物事に意味を付し、われわれを人間という存在にする。

ダマシオのような神経科学者にとって、感情は調整メカニズムだ。悲しみは生命の価値を説き、恐怖は危険を知らせてくれる。心理学者ポール・エクマン〔一九三四―〕の研究（彼の理論は、ウォルト・ディズニー・ピクチャーズの名画『インサイド・ヘッド』に影響を与えた）によると、人間は基本的に次に掲げる六つの普遍的な感情を持つという。喜び、悲しみ、恐怖、怒り、驚き、嫌悪だ。

エクマンは、これらの感情があらゆる文化において確認できることを、次のような調査から証明した。パプアニューギニアの部族民などに、これら六つの基本的な感情を表わす他文化の人々の表情を写した写真を見せたのだ。すると、彼らはこれらの感情を難なく正確に読み取った。このことは、生まれながらにして目の見えない人が、目の見えると人とまったく同じように笑ったり泣いたりすることからも確認できる。

そして社会の一員になると、道徳的な感情が生じる。社会生活では、罪悪感、恥、感謝などの感情は、調整機能の役割を果たす。自己の行為が他者におよぼす影響を心配すると、罪悪感が生じる。[‡10] 恥は社会的な判断の影響の表われであり、自身と他者の価値観が乖離する恐怖を示す。

そして感謝は他者の存在を認めることであり、共感、同情、寛容の精神を促す。道徳的な感情は社会生活における調整役を担う。[‡11]

論証に関する人間の限界

人間はこれらの感情の束を強く感じる存在だ。よって、われわれの論証は自分たちが思っているほど分析的ではない。われわれは自分たち自身ならびに自分たちを取り巻く世界を読み解く理論を生み出そうとするが、結局はうまくいかない。

心理学者であり、行動経済学の業績でノーベル経済学者を受賞したダニエル・カーネマン〔一九三四―〕は、生じる事象の原因を探る「因果的な思考」と、「あるがままに」事実を分析する「統計的な思考」を区別した。[‡12] カーネマンによると、因果的な思考には安心感がある。それはいつも成功を約束してくれるからだ。

隣人が心配げな表情を浮かべているとしよう。彼の表情からは、妻と別れた、失業したといった要因が考えられる……。この直感が正しいかどうかは、アパートの管理人と話せばすぐに確認できるだろう。これは、われわれが絶対的な真実を探求するという「中立的な方法」による論証ではなく、自分たちが思い描く結論から出発し、そうした結論を検証する道筋の探索だ。

因果的な思考は世界をわかりやすく捉えるので気が休まる。だが、それはわれわれを「間違った首尾一貫した思考」という罠に嵌《は》める恐れがある。

われわれは、「XとYという要因を考慮すると、彼らが試験に合格する確率は三分の一」といった冷めた統計的な文書よりも「彼は経験不足が原因で失敗した」「彼らはカリスマ的な指導者のおかげで成功した」という主張をはるかに面白く感じる。因果的な論証を用いると、世界は実際よりもはるかに予測可能に思えてくる。世間は専門家が間違えると嘲弄するが、彼らの仕事は世間が思うよりもはるかに複雑かつ不確実なのだ。

このような態度だからこそ「短絡的な思考」が横行し、分析をともなう労力を要する作業は敬遠される。数字をまとめ上げたり、試験をしたりするのは面倒なため、われわれは拙速に結論を下してしまう。カーネマンは自身の業績を著書のなかで振り返り、思考に関する二つのシステムについて、速い思考を「システム1」、議論を吟味して証拠を検証する遅い思考を「システム2」と命名した[*13]。

ほとんどの場合、われわれは事実を解釈するのではなく、自分にとって望ましい解釈を探すというシステム1を利用する。近代科学、生物学、量子力学を生み出した人間の心は、単純化された論証に引かれる傾向がある。われわれは物事に対して賛成あるいは反対の意思を常に表明しなければならないため、拙速に下した結論に固執しがちだ。

われわれは自身の思考の根拠を探索することを厭《いと》わないが、この探索は恣意的だ。探索の際、自分にとって都合の悪いことは排除するからだ。

システム1では論証を誤る恐れがあっても複雑な問題を単純化する。[‡14] たとえば、「ある集団において、熱心に働くメンバーが女性で、気難しいメンバーが男性である確率はどのくらいか」という質問に対し、ほとんどの人はその集団の男女比率を確認することなく自身の固定観念に基づいて回答する。彼らの回答は偏見の度合いを数値化することにしかならない。

こうした計算を担うのはシステム2だが、システム2は仕事が遅くて怠け者であり、ほとんどの場合、いつも眠っている。

人工知能（ＡＩ）

身体も感情もない機械は、人間のような創造的な想像力を持たない。物理学者マーク・メザール〔一九五七─〕が指摘するように、機械が己の知識を未知の状況に応用することはない。[‡15] そうはいっても、何百万ページもの文章を一瞬で検索するなど、常人では到底できない作業をやってのける。

チェスや囲碁の場合、ＡＩはこれらのゲームを数時間で学習し、世界のトップ・プレーヤーを打ち負かすことさえある。機械がこなすことのできるゲームの回数は無限に近く、これは人間とは比較にならない。前出のヤン・ルカンは囲碁のある偉大なプレーヤーの敗北について「人間は囲碁が弱い」とコメントした。彼の言わんとするのは、囲碁というゲームはあまりにも洗練されているため、人間は囲碁の定石から離れられないということだ。一方、AIはビル・マーレイ主演の映画『恋はデジャ・ブ』と同様、ほぼ無限に近い回数のゲームをこなして勝つための戦略を「発見」できる。AIは記憶知能であり、起こりうる状況を学ぶことによって機能する。よって、AIにはそれらの状況を理論化するという概念はない。

「アルゴリズム的思考」に関して、コンピュータ科学者セルジュ・アビテブール〔一九五三―〕は蟻を例に挙げて説明する。蟻は餌を探す際、単純なアルゴリズムを用いてルートを見つけ出す。複数の偵察蟻がいろいろな方向へと出動する。それらのうちの一匹が餌を見つけると、親指小僧〔シャルル・ペローの童話。森に連れてこられたとき、ポケットに詰め込んだ小石を一つずつ落として帰り道がわかるようにした〕のように、痕跡(フェロモン)を残しながら巣へと戻る。「フェロモン」によって呼び寄せられた他の蟻たちはその偵察蟻の後を追い、今度は彼らがフェロモンを残してそのルートを「魅力的」にする。ルートが短ければ、そこを通る蟻は何往復もすることになるので、そのルートの魅力は強まる。蟻は人間が表現するところの自意識や集団意識を持たないが、このようにして「餌はどこにあるのか」という問題を解決する。

蟻と同様、アルゴリズムも有望なルートを意味もわからずにはじき出す。たとえば、アルゴリズムは文学の知識がなくても、プルースト〔一八七一―一九二二〕の読者はドストエフスキー〔一八二一―一八八一〕の読者でもあると関連づける。つまり、実際に働いているのは愚かな知性なのだ。

学習することを学習する

金属と電線からなる機械は、ＡＩによって画像を認識し、音声を他言語に翻訳し、車の運転を自動化し、チェス、囲碁、テレビゲームをプレーする。コンピュータの計算能力が飛躍的に向上したおかげで、人間の脳を模倣するアルゴリズムの構築に目覚ましい進歩があった。[‡16]

脳には八六〇億個の神経細胞がある。これは銀河系の星に匹敵する数だ。しかし、重要なのは数でなく神経細胞間のつながりの質だ。[‡17] それぞれの神経細胞はシナプスと呼ばれる接合部位を通じて他の一〇〇〇個の神経細胞とつながっており、シナプスはさまざまな頻度と強度で利用される。利用されないシナプスは外される。逆に、二つの神経細胞が同時に興奮すると、両者を結びつけるシナプスが形成および強化される。シナプスはわれわれの記憶や性格の基盤を形成し、人生のおもな出来事を記録する。[‡18]

では、現在のＡＩの仕組みはどうなっているのか。初期の専門家は「分岐理論」を好んだ。この理論ではすべての可能な組み合わせを示す枝分かれ図が用いられる。たとえば、Ａという指し手を選ぶのなら、次にＢとＣという指し手を選ぶことができる。よって、Ａを選ぶ前にＢとＣという指し手の意味を理解しなければならず、それはＤ、Ｅ、Ｆ、Ｇの意味も検討することになる……。ＡＩの専門家はこうした研究プロジェクトを「ＧＯＦＡＩ：good old fashion AI〔古きよき時代のＡＩ〕」と呼ぶ。

コンピュータ「ディープ・ブルー」がチェスの世界チャンピオンだったガルリ・カスパロフ〔一九六三―〕を破ったのは、この論証能力によるものだった。「ディープ・ブルー」は分岐検索という従来型の手法によって一秒間におよそ二億個の指し手を評価した。

しかしながら、こうした手法はコンピュータでさえうんざりする作業だ。ＡＩの専門家は、チェス盤上で起こりうるすべての手順を再現しようとするのではなく、人間の脳の学習法を模倣するという手法に切り替えた。これが人間の学習過程を理解するための数理モデル「ニューラルネットワーク」から着想を得た「ディープラーニング」と呼ばれる手法だ。コンピュータはゲームを有利に進める（勝利を導く）戦略を発見するたびに人間のシナプスのように勝利のつながりを記憶し、独自の経験曲線を構築する。何百万匹もの猫を見せ、認識できたら「ご褒美」を与えることによって猫を認識できるように機械を教育する。チェスにもこれと同様の手法を用いるのだ。

いわゆる「教師なし学習」はさらに先を行く。これは（人間の対局データを使わずに）機械に独学させる。世界の強豪棋士を負かした「アルファ碁《ゴ》ゼロ」の成功の源はこの手法だった。つい最近では、パリのスタートアップ企業「ＮｕｋｋＡＩ」が開発したＡＩが、八人のコントラクトブリッジの世界チャンピオンを倒したという。[‡19] この複雑なカードゲームは「ＡＩに対抗する最後の砦の一つ」だった……。

この分野の先駆者ヤン・ルカンは、この理論を応用するニューラルネットワークを用いて小切手のサインを自動認識するシステムを開発した。

二〇一二年、カナダの物理学者ジェフリー・ヒントン〔一九四七—〕は、ディープラーニングを用いて猫の画像認識の国際大会で優勝するとグーグルに引き抜かれ、「グーグル・ブレイン・チーム」の一員になった。これをきっかけに、「ディープラーニング」に対する注目が集まった。

二〇一四年、フェイスブックの顔認識技術「ディープフェイス」は、一人の人物の二枚の異なる顔の画像を九七・三五%の確率で識別した。この識別率は人間とほぼ互角だという。世界最大の画像コレクションを持つフェイスブックはこうした技術を利用して、疎遠になった友人を高い確率で見つけ出すサービスを提供するようになるかもしれない。また、音声の認識率も九五%だ。[‡20]

したがって、ゲームのルールが明快なら、AIを搭載する機械は威力を発揮する。たとえば、猫やリスの認識だ。というのも、機械はすでに存在する何百万枚もの画像を学習できるからだ。チェスも同様だ。というのも、相手のキングを詰ませば勝ちだからだ。

ところが、ヤン・ルカンは「機械の性能がどんなに向上しても、機械には常識も意識もない」と指摘する（ただし、「今のところは」と付言する……）。

正解も不正解もない漠然とした状況での裁定が常識だ。たとえば、人間のためにコーヒーを淹れようとする際、その人間が任務達成の障害になるのなら、機械はその人間を殺すこともありうる……。鉄の棒で脳の一部が破壊されたフィニアス・ゲージのように、機械は社会的な駆け引きの機微を理解できない。たとえば、機械は、相手を傷つけずに断ることができず、ガラスのコップと鉄の棒を同じように握り、建物の五階から飛び降りることに恐怖を覚えない。ようするに、機械に欠けているのは、われわれ人間が感情と呼ぶものだ。

ルカンは次のように結論づける。「ネズミやリスのような賢い機械をつくることができれば、私のキャリアは成功したと言えるだろう」。AIは、犬（二二億個のニューロン）はもちろん、猫（七億六〇〇〇万個のニューロンと一〇兆個のシナプス）よりも知能が劣る。

ルカンによると、人間の脳のエネルギー効率に近い機械ができるのは時間の問題だという。人間の脳が省エネなのは、同時に活発に活動するニューロンの数が少ないからだ。将来のシステムを模索する道筋はこの節約型だ。

とはいえ、人間の脳は大量のエネルギーを消費する〔人間が消費する全エネルギーの一八％〕。人類が調理を発明せず、大型の猿のように葉や木の実を主食にしていたのなら、脳を機能させるのに必要なエネルギーを確保するための食糧補給に、人類は一日九時間を費やさなければならなかっただろう。プロメテウスが人類に火をもたらさなければ、人類の歩みはまったく異なったものになっていたに違いない。

知恵

したがって、人間と機械が「作業を効率よく分担する」は可能に思えてくる。人間には（とくに対人関係において）「常識」が必要とされる作業、機械には統計的で手間のかかる作業を割り当てる。

恋愛やビジネスに関しては、人間には対人関係に配慮する作業、機械には出会いが成功する確率を計算する作業を任せる。こうして人間は科学や芸術の分野で創造力を発揮し、機械は日々の状況の維持および管理業務を担う。[‡21]

「なぜ、同じ質問に何度も答えなければならないのか。ロボットに任せればよいではないか」「恋愛やビジネスが成功する確率を評価するなら、データベースをつくればよいではないか」というように、人間と機械の効率のよい作業の分担は可能に思えてくる。

だが、問題は人間の順応性にある。環境に順応するという人間の特性は自然界では威力を発揮するが、自分たちを制御するためにつくられたシステムでは大きな弱点になる。

先述のカーネマンの定義するシステム2をアルゴリズムが担うと、人間は想像力と偏見というシステム1の囚人と化し、「知恵」から遠ざかってしまう……。これはスピノザの言う「第三種の認識」に相当し、カーネマンならシステム3と呼んだだろう知恵だ。システム1とシステム2を超え、(4の平方根は±2だと考えなくてもわかるような)正しい知識に直感的にたどり着くのが知恵だ。

一方、ソーシャル・ネットワークでは知恵にたどり着くことはできない。なぜなら、ソーシャル・ネットワークは往々にして、われわれの感情をシステム1の段階に押しとどめ、われわれを己の偏見に閉じ込めてしまうからだ。

第2章　愚かさと懲罰

野生の思考

デジタル革命が進行中なのは確かだ。これまでにも人間の思考法を覆した根源的なイノベーションは数々あったが、デジタル革命もこのリストに名を連ねている。

たとえば、文字の発明は、人類学者レヴィ＝ストロース〔一九〇八―二〇〇九〕の言う「野生の思考」と、文字による累積的な過程として歴史が確立される社会との違いを鮮明にした。近代の幕開けに登場した印刷機は、本格的な知的革命をもたらし、思想の自由を促し、宗教改革を後押しした。

ＡＩにより、個人ならびに集団の思考力は向上し、ウィキペディアのような協働的な活動が増えると喧伝されている。ところが、この予想は外れるだろう。進行中の変化によって誕生するのは軽薄で判断力に欠ける人間だ。グーテンベルクを期待していたが、台頭しつつあるのはテレビ2・0である。

アメリカの社会学者ロバート・パットナム〔一九四一―〕は現代社会学の古典『孤独なボウリング――米国コミュニティの崩壊と再生』〔柴内康文訳、柏書房、二〇〇六年〕のなかで、戦後の西側社会を襲った個人主義の高まりの主因はテレビだと結論づけた。テレビの長い視聴時間（なんと一日平均四時間五〇分）により、友人、家族、地域社会など、いわゆる個人の「社会関係資本」が軽視されるようになった。アメリカ社会の生活の絆として機能してきたボウリング・クラブや保護者会などの共同体は、テレビによって一掃されてしまった。

ミシェル・デミュルジェの名著『デジタル馬鹿』は、現在の革命が生み出す異様な状況をこうした角度から分析している。紹介されている数字には眩暈《めまい》を覚える。子供がタブレットやスマホなどの電子機器を眺める一日当たりの平均時間は、二歳のころからおよそ三時間で推移し、八歳から十二歳では四時間四五分、十三歳から十八歳では一日六時間四五分にもなる。つまり、これは若者たちの起きている時間の四〇%に相当する。若者の心理的、情緒的な暮らしは、陰鬱と高揚感の波によって翻弄され、オンライン・ポルノなどの中毒性の高いサイトによって形成される。その結果、食生活のバランスが乱れ、肥満などの恐れが生じる。

ブリュノ・パティノ〔一九六五―〕の『スマホ・デトックスの時代――「金魚」をすくうデジタル文明論』[‡1]やジェラール・ブロナー〔一九六九―〕の『認知力の終焉』[‡2]の分析にもあるように、若者の注意力は、ザッピング、衝動、忍耐力のなさなどによって著しく損なわれている。

読書という活動では、読者は著者に登場人物の背景や論証を組み立てる時間を与えることが前提になる。しかしながら、読書はスマホの強迫的なシグナルによって常に邪魔される。読書以外の活動についても同様だ。スマホは物事に集中することをほぼ不可能にする。

メディア研究の重鎮マーシャル・マクルーハン〔一九一一―八〇〕は「メディアはメッセージだ」と説いた。すなわち、「われわれが見るのはテレビであって、テレビで放映される特定の映画ではない」

というように、メディアはそれ自体がある種のメッセージを含んでいる。

同様に、現代人は自分たちがスマホで何を見ているのかをわかっていない。われわれは画面という巻物を無限に広げる「スクロール中毒症状」に陥っている。映画『ライオン・キング』を観る子供の画像やウクライナ危機のニュースなどが目に映っても、われわれの心を捉えるのはスクロールという行為だ。

映画『恋はデジャ・ブ』の主人公が同じ日を何度も繰り返すように、自分の気の向いたときに録画された動画を鑑賞することによっても、自分自身の生活を巻き戻すことができる。現代人はゲノム編集のように自身の生活を「編集」できるのだ。

今日、スマホが催す強迫感はＦＯＭＯ（fear of missing out）と呼ばれている。これは「情報」、ゴシップ、チャンスなどを逃してしまうのではないかという、うずくような不安を意味する。人間と機械の融合は、シリコンが生体に埋め込まれるよりも先にｉＰｈｏｎｅによって成し遂げられたということか……。

タッチパネルは人間と機械の間に中毒性の高いつながりを生み出す。これは中毒性の強い薬物が脳を支配し、薬物のさらなる消費を強いるのと同じ効果をもたらす。ジェラール・ブロナー（一九六九―）が引用したドイツの研究によると、スマホの呼び出し音は、電話の持ち主の名前が呼ばれたときとまったく同じ脳の領域を呼び覚ますという。[‡3] ヘロイン中毒患者の脳がヘロインを何としても欲しがるように、電源が切ってあってもスマホが目の届くところにあると、電源を入れていじりたくなってしまう。

現実の世界に対する若者の注意力は史上最低に達した。前出のパティノが引用した研究調査によると、彼らの注意持続時間は二〇〇八年から二〇一五年にかけて一二秒から八秒へと減少したという。デミュルジェによると、カナダ人（幸福度や自由な精神性に関するランキング調査で上位に位置する国民）も犠牲者だという。広大な国土と厳しい冬という理由からデジタル文化に大きく依存しているため、カナダ人の注意力も大幅に低下しているようだ。また、彼らの思考法も変化した。論理的な説明ではなくＡＩのように「試して学ぶ（test and learn）」ようになったという。

アメリカでは、かなり以前から文字を手書きする必要がなくなった一方で、ワープロは義務化された。ところで、文字の手書きは脳や運動神経の発達に重要な役割を担うという。人類は常に文字を書いてきたわけではないが、文字を書かなくなると思考のあり方に思わぬ影響が生じるかもしれない。

フェイスブックの社長だったショーン・パーカー〔一九七九―〕は、フェイスブックが探求しているのは「人間心理の脆弱性《ヴァルネラビリティ》だ」と言ってはばからなかった。フェイスブックやティックトックなどのソーシャル・ネットワークの目的は、標的とする利用者の心理状態がどうなろうが「関心《アテンション》を集めるための戦い」に勝利することだ。

フェイスブックの元社員フランシス・ホーゲン〔一九八三―〕は「フェイスブック・ファイル」と題する文書において、マーク・ザッカーバーグ〔一九八四―〕がつくったこの会社は、利用者の間で精神障害が引き起こされていることを承知していたと明らかにした。

ハーバード大学卒でフェイスブックに二年間在籍した内部告発者ホーゲンは、『ウォール・ストリート・ジャーナル』紙にこの会社を糾弾するシリーズ記事を発表した。これらの記事を引用した『ル・モンド』紙（二〇二一年十月二十八日付）によると、ホーゲンは次のように説明したという。「憎悪《ヘイト》を煽るなどの偏った意見は多くの利用者の関心を引く」ことが社内調査からわかっていたが、フェイスブックはこれを承知の上で運用していた。また、子会社のインスタグラムを利用する十三歳未満の少女たちが自身の体型に違和感を覚えて精神的に不調になることも、同社の幹部は充分に承知していた。それでも彼らは未成年者を標的にすることを止めなかった。[*4] フランシス・ホーゲンのささやかな勝利として、フェイスブックは十三歳未満の児童のインスタグラムの利用を一時的に停止することにした。

これらの現象が認知力に壊滅的な影響もたらすという研究調査はたくさんある。たとえば、スマホを持っていない人にスマホを持たせるという実験だ。この実験では三か月も経たないうちに被験者の計算能力は著しく悪化した。注意力が低下したのだ。また、被験者の「衝動的な態度」は、スマホの利用時間の増加にほぼ並行して顕著になった。

スタンフォード大学の研究チームも、フェイスブックに一か月間アクセスできないようにするという実験を行なった。被験者は空いた時間を利用して、実験前よりも家族や友人と過ごす時間とテレビを観る時間を増やすようになった……。結果として被験者の幸福度は大きく向上し、実験終了後も被験者のデジタル機器に費やす時間は大幅に減少した。この実験を基にした研究によると、フェイスブックを一か月間利用しないと不安や鬱症状が抑制され、幸福感という観点から三万ドルに等しい利益があったという。[‡5]

ソーシャル・ネットワークの中毒性は、もはやタバコと同様に疑いの余地がない。両者の違いは、タバコは社会の敵と見なされているが、ソーシャル・ネットワークはそうではないということだ。デジタル社会は、映画『マトリックス』のように現実《リアル》と仮想《バーチャル》の区別がつかなくなるまで参加者を仮想世界に埋没させる。デジタル社会はそこで巻き起こる感情を客観視する余裕を利用者から奪い、彼らの批判的な精神を弱める。ソーシャル・ネットワークでは薬物やアルコールと似たような「デジタル版自制心解放効果」が働いており、利用者はしばしば日常の社会生活の規範から逃れ、さまざまな逸脱行為に走る。[‡6]

社会学者ナタリー・エニック〔一九五五―〕が明快に論じたように、ソーシャル・ネットワークは注目を集めるための競争を促し、「挑発的な言動、誇張された表現、抑圧からの解放、さらには、言ってはいけないことを言う楽しみ、表現してはいけないことを見せる喜びなどを通じ、特異化する。この特異化は怒りや憤慨といった強い感情的な反応を引き起こし、《いいね！》や《リツイート》によって即座に表現される。テクノロジーはそうした反応を仲介者なしで自動的に増幅する」。

精神科医セルジュ・ティスロン〔一九四八―〕によると、他者に認められたいという病的な探求により、他者と激しく競うことになり、自分を常に美しく見せようとするため、「過剰な露出によって自己の構築が脅かされる」という。つまり、私生活を見せびらかしたいという衝動に駆られ、自己のイメージが大きく歪むのだ。

幼児の場合、デジタル機器の画面の眺めすぎは、他者と関係性を育む能力の発展を妨げる。仮想現実によって現実が味気なく感じられ、現実の世界や社会環境を感情豊かに認識できなくなるのだ。[‡7]

一発やる

社会学者エヴァ・イルーズは、デジタル社会が恋愛におよぼす影響の分析により、現代人の感覚の変容を明らかにした。[‡8] 彼女によると、数億人の人々が「自身のスマホを二十四時間年中無休の独身クラブ」のように利用しているという。ブルジョワ社会には、道徳によって禁じられている性欲を処理するための売春宿があった。一方、デジタル社会ではバーチャルな売春宿の扉が大きく開かれ、性欲が解き放たれた。

インターネットで費やす時間の三分の一はポルノだ。フランス世論研究所（ＩＦＯＰ）が実施した若者を対象にした二〇一七年の調査によると、男子の六三％、女子の三七％がポルノ・サイトを観たことがあるという。これらの若者は性行為に関して誤ったイメージを抱くようになるため、他者を尊重する恋愛関係を築くことが難しくなる。

テレビ局「Ｍ６」で放映されたドキュメンタリーによると、「肉体関係を持つ若者の四四％はポルノ・サイトで観た行為を実際に試してみたことがある。女子はそうしたサイトで観た行為を試すことを《義務》と感じ、男子はそうした行為を要求しなければならないと考えている」[‡9]という。

イルーズはこうした新たな性愛の母体として、出会い系アプリ「ティンダー」を検証した。彼女の分析は次の通りだ。

愛はティンダーによって「一発やる」ことに成り下がった。口説き合う無駄な時間は省かれ、肉体関係の結果を感情的に管理する必要はなくなった。人類史において「一夜限りの恋」はそれほど珍しくないが、奇異なのはそれが若者の想像力において占める位置だ。すなわち、過去では「肉体関係は求愛の終着点だったが、今日では不確実な物語の始まり」である。イルーズがインタビューしたある人物（クレア）が語るように、デジタル時代の性愛には「他者という感情の重し」という煩わしさがない。

哲学者ロラン・バルト〔一九一五―八〇〕は『恋愛のディスクール・断章』〔三好郁朗訳、みすず書房、二〇二〇年〕において、恋愛を熟成させるのは「他者という感情の重し」だと述べている。ティンダーが消し去ったのは、「彼から電話がかかってくるだろうか」「自分の態度は悪かっただろうか」という存在論に関わる不安だ。つかの間のセックスは、両者とも自分自身は完全に制御された存在だと己を信じ込ませ、他者に依存しない心理状態をつくり出す。だが、こうした心理状態は恋愛関係と対極にある。

デジタルな性愛は、セックスと恋愛感情を明確に区別する。だからこそ、肉体と精神の総体として他者を認識する能力が失われるのだ。このような関係では、将来の扉を開くのは自分ではなく相手だと双方が期待する。

当事者は、ティンダーの提供する愛が生み出す実存的な空虚感を、出会いの積み重ねという未来への逃避によって埋め合わせる。これこそがデジタル社会が引き起こす中毒的な症例だ。

オンラインでの性欲ビジネスは、他の経済分野と同様、熾烈な競争を繰り広げている。出会い系サイトは、ミシェル・ウエルベック〔一九五六―〕の初の小説『闘争領域の拡大』〔中村佳子訳、角川書店、二〇〇四年〕で描いたセックスのネオリベラリズムを実現した。ウエルベックはこの小説のなかで、パートナーを見つける適者生存的な壮大な戦いが繰り広げられると説いた。

ティンダーの登場により、こうしたウルトラ・リベラルなイデオロギーは、人間の心の奥底にある愛情にまで甚大な影響をおよぼした。

監視型資本主義

イギリスのテレビドラマ・シリーズ『ブラック・ミラー』には、自分の社会的な評価を気にかける少女のエピソードがある。ウーバーの運転手やエアビーアンドビーの借家人が評価されるように、この少女は友人や同僚が自分に付す星の数に一喜一憂する。このシリーズでは、出会う人々全員が、自分に対する賛成や反対、そして喜びや悲しみを、評価のよし悪しによって表現する。できる限り多くの星を獲得するのが「よい人生」であり、人間の社会的な地位は金銭でなく星の数によって決まる。

この気まぐれな物語の若いヒロインは、非常に評価の高い女友達の結婚式に招待してもらうことで、自分も多くの得点を獲得しようとする。しかし、思うように事は運ばない。飛行機に乗り遅れ、自動車は故障するなどの災難に見舞われ、怒りを爆発させて一気に評価を下げる。そしてついには刑務所行きとなる。刑務所での彼女は自身の評価を気にすることをやめ、別人のような言葉遣いで同房の囚人を口汚く罵る。しかしながら、彼女の表情や態度からは大きな安堵が感じられる。彼女は自由になったのである。

このエピソードのヒロインがレーティングという暴君に服従する様子は、ウェブ上で現実に起こっているありふれた監視プロセスを、物語風に表現したに過ぎない。ソーシャル・ネットワークは個人を「白痴化」すると同時に、社会生活をきわめて合理的に管理する。

中国では、交通事故、欠勤、飲酒、支払いの遅延、「当然ながら」ネットでの発言内容などに関して国民を評価する「スコア」がすでに存在する。[‡10]

民主国家で暮らす国民は、アルゴリズムによるそうした独裁とは無縁だと思っているかもしれないが、そうではない。顔認識ソフトウェアによって、どこにいるのかが把握されるようになる。近い将来、身体に埋め込まれる多機能型チップにより、たとえば、乗り物のチケットは不要になる。

データの取り扱いに関する予防措置が講じられ始めたが、データの蓄積にともない、銀行融資や就職斡旋などのセールスを防ぐのはきわめて困難だろう。

これはまさにジョージ・オーウェル〔一九〇三―五〇〕の名著『一九八四年』〔高橋和久訳、早川書房、二〇〇九年〕の世界だ。この小説は、体制と人民の敵に憎悪をかき立てる一方で、異論を阻止するために人々が監視下に置かれる社会を描く。オーウェルの予言はまったく予期せぬ形で実現しつつある。すなわち、個人を監視するのは民間の企業連合だ。究極の脅威は国家だという考えは見事に覆された。

そうはいっても、GAFA版「ビッグ・ブラザー」の目的は人々を黙らせるのではなく、彼らに自分たちの欲望、欲求、消費の好みを明かすように仕向けることだ。視聴するテレビ番組の種類や自動車の運転の仕方など、あらゆるものが監視対象になる。GAFAが提案する「コネクテッドホーム」という暮らしでは、大量の供給者が家庭の中核にまで入り込むため、「秘められた自己」は失われる。[‡11]

グーグルノミックス

ショシャナ・ズボフ〔一九五一―〕は名著『監視資本主義』〔野中香方子訳、東洋経済新報社、二〇二一年〕において、GAFAによる社会の支配を詳述している。彼女のヘンリー・フォード〔一八六三―一九四七〕とアップルの創業者スティーブ・ジョブズ〔一九五五―二〇一一〕の比較は大変興味深い。

ヘンリー・フォードは工業に革命をもたらす「発見」をした。フォードはシカゴの食肉加工場を見学した際にひらめいたという。作業員たちが各自の持ち場から離れることなく屠畜された牛を解体しているのを見て、この原理を自動車の組み立て作業に応用することを思いついたのだ。当時、自動車の顧客はごく一部の富裕層だったが、自動車産業はフォードが導入した流れ作業によって大量生産の時代へと移行した。

アップルも似たような革命を起こした。二〇〇三年十月に発売されたｉＰｏｄは音楽産業に激震をもたらした。それまでの音楽産業はフォード型モデルだった。すなわち、大手レーベルは大規模な宣伝キャンペーンを通じて、消費者にどのアーティストのＣＤを買えばよいのかを喧伝していた。翻ってジョブズは、顧客に無限の選択肢を提供した。

両者には、核心的な価格設定という点においても類似点がある。フォードは労働者の度重なる欠勤に悩まされていた。労働者は流れ作業という非人間的な労働に無言で抵抗したのだ。そこでフォードは労働者の賃金を倍増させ、単調な作業であっても魅力的な職場に変えた。こうして、賃金を上げると生産性も上がるという好循環が始動した。これがフォーディズムだ。

一方、ジョブズの核心的な価格設定は次の通りだ。ジョブズはｉＴｕｎｅｓの初期バージョンのように一曲ごとに販売するのは経済学的におかしいと考えた。一〇〇曲であっても一〇〇〇曲であっても、会社にとっては同じ価格で販売したところでコストはまったく変わらない。アップルをはじめとするデジタル企業は、闇市場で横行していた海賊行為に悩まされていたこともあり、新たなモデルをこぞって導入した。ストリーミングである。

このモデルでは、加入者に所有権はないが、利用権は契約期間中なら無制限の定額制だ。経済学者ジェレミー・リフキン〔一九四五―〕はこれを「アクセスの時代」と呼んだ。購入するのは（非物質的であっても）モノでなく、自身の欲望を叶えてくれるバーチャルなクラブの会員権だ。

しかしながら、フォーディズムに対するGAFAの真のイノベーションは、ショシャナ・ズボフが指摘するように、剰余価値の搾取からデータの抽出に基づく資本主義への移行という別の次元にあった。

ズボフによると、グーグルの創業者であるラリー・ペイジ〔一九七三―〕とセルゲイ・ブリン〔一九七三―〕は、かつて広告を嫌っていたという。一九九八年にグーグルを設立した当時、彼らには検索エンジンの信頼性を損なうことはしたくないという思いがあった。そこで、グーグルはYahoo！などの会社に自社の検索サービスを貸し出すことを検討していた。

ところが、彼らはUPI（ユーザー・プロファイル・インフォメーション）という宝の山を掘り当てたことに気づき、考えを一変させた。リベラルな若者たちは、顧客のプライバシーなど一切考慮しないウルトラ資本主義者に変節したのだ。

「グーグルノミックス」の発案者はハル・ヴァリアン〔一九四七―〕だ。ロングセラー『入門ミクロ経済学』〔佐藤隆三訳、勁草書房、原著第九版、二〇一五年〕の著者でもあるカリフォルニア大学バークレー校の教授だった彼は、二〇〇二年にグーグルに移籍した。

ヴァリアンは、経済学者たちの間で流行していた「オークション理論」をオンライン広告に応用する方法を創業者たちに解説した。彼の手ほどきにより、グーグルの広告スペース販売部「アドワーズ」は大成功を収めた。二〇一〇年にはこの販売部は「アドセンス」と改称され、グーグルの収益は急増した。検索エンジンは広告を受動的に載せるだけでなく、検索結果の上位に載せてもらいたい企業から「税金」を徴収するようになった。というのも、グーグルの検索結果の二ページ目に表示されることは、ネット上では死を意味するからだ。

グーグルが上場した年に設立されたフェイスブックも高収益を上げる方法をすぐに見出した。グーグルで「アドワーズ」を立ち上げたシェリル・サンドバーグ（一九六九—）は、マーク・ザッカーバーグの会社に引き抜かれ、この会社もオンライン広告の稼ぎ頭に変貌させた。ズボフによると、このときが労働者の「剰余価値の搾取」から消費者の「データの抽出」へと移行した瞬間だという。

両社はなりふり構わず利用者のプライバシーに忍び込む。両社はデータ取得に関する規制を回避するために一致団結して強烈なロビー活動を展開した。また、競争当局を説得してライバル企業の買収を容認させた。

こうしてグーグルはユーチューブを一六億五〇〇〇万ドルで買収した。買収時のユーチューブの従業員数はわずか六五人（大半は高度な技術者）だった。これは従業員一人当たりの評価額が二五〇〇万ドル強だったことを意味する。

二〇一二年四月、フェイスブックはインスタグラムを一〇億ドルで買収した。買収時のインスタグラムの従業員数は一三人だった。これは従業員一人当たりの評価額がおよそ七七〇〇万ドルだったことを意味する。

二〇一四年、フェイスブックはワッツアップを一九〇億ドルで買収した。買収時のワッツアップの従業員数は五五人だった。これは従業員一人当たりの評価額が、なんとおよそ三億四五〇〇万ドルだったことを意味する。

ＡＩを駆使する知性と知識がオンライン広告のためだけに利用されているとは驚きだ。ＧＡＦＡに関して言えば、彼らは活動領域を拡大させるだろう。フェイスブックは独自通貨「リブラ」を発行し、従来の銀行だけでなく中央銀行にも対抗しようとした。この実験は一時的に頓挫したが（「ディエム」という名称で継続）、フェイスブックは何らかの形で再挑戦するはずだ。

さしあたり、フェイスブックは活動拠点をメタバース（メタ・ユニバース：仮想空間）に移行させ、公的および商業的な集まり、現実味あふれるゲーム、バーチャル旅行など、社会生活の構築を目論んでいる。

グーテンベルクが聖書を印刷したとき、ほとんどの大衆が文字を読めなかったこともあり、印刷機が影響力を発揮するのには時間がかかった。一方、人間を単に「白痴化」させるだけでは済まない壮大な変革の影響は間近に迫っている。

第3章　ロボットを待ちながら

王の死

コロナ危機時の外出禁止令により、新たなテクノロジーの潜在能力が明らかになった。働く人の三分の一にとって、テレワークは突然の選択肢になった。医療では、患者は必ずしも診療所に出向く必要がないという合意が形成され、遠隔医療が活用されるようになった。これまでとは大きく異なる生産的な世界に関する新たな構想が誕生したのだ。同僚や顧客と直接会うことは選択肢の一つになった。

ウィルスの出現とデジタル資本主義の驚くべき共犯関係を理解するには、過去を振り返る必要がある。

一九四八年、フランスの経済学者ジャン・フーラスティエ〔一九〇七―九〇〕の経済構造の変化に関する分析は、コロナ危機が加速させた変革を理解するための重要な鍵だ。

フーラスティエは工業社会からサービス社会への移行を「二十世紀の大きな希望」と評した。彼によると、数千年間にわたって大地で働いてきた人間は、過去二〇〇年間はモノを対象にして働くようになった。フーラスティエが到来を告げるサービス社会では、人間は人間自身を対象にして働く。彼の大きな希望は、コーチ、教育者、介護者など、誰もが他者に従事するような社会の到来だった。つまり、人間らしい経済の誕生である。

しかしながら、フーラスティエはこのサービス経済がもたらす「問題点」も指摘した（もっとも、彼自身はそれを大きな問題だとは捉えていなかった）。すなわち、サービス経済の成長率は鈍いのだ。売る商品が、たとえば介護者や教育者として顧客と過ごす時間であるのなら、もっと働いてもっと稼がない限り、経済は停滞してしまう。

ウィリアム・ボーモル〔一九二二―二〇一七〕とウィリアム・ボーエン〔一九三三―二〇一六〕は共著『舞台芸術　芸術と経済のジレンマ』〔池上惇ほか訳、芸団協出版部、一九九四年〕において、舞台芸術を例に挙げてフーラスティエの直感をさらに発展させた。

彼らの単純明快な論証は次の通りだ。今日、シェイクスピアの演劇を上演するには、この演劇がつくられた当時と同じ時間が必要だ。役者たちがセリフを語るのに必要な時間は今も昔も変わらない。『リチャード二世』という演劇では、当時と同じ速度で「王の死という悲しい物語」が展開される。演劇は生産性を向上させることができない舞台芸術だ。よって、新たな技術を利用して生産に必要な労働時間を削減する他の経済分野と比較すると、演劇は割高になる。バレエやオペラなどは常に「コストという病」に襲われる。なぜなら、これらのライブ・パフォーマンスには、生産性を向上させるための梃がないからだ。たとえば、ニューヨーク・フィルハーモニックのチケットの価格は、インフレを考慮すると一〇〇年間で五倍になった。

だからこそ、劇場の入場者数は下降の一途を辿り、アーティストたちの暮らしは厳しくなったのだ。彼はしばしば副業（多くの場合、教師）をこなさなければならい。ごく一部のスターを除き、彼らの収入が国民の平均値に届くのは稀だ。

この病理は比較に原因がある。すなわち、モノの価格が安価になると、人間が最も高価になる。複数の人間が一か所に集まる必要がある場合では、なおさらだ。たとえば、今日では一冊の聖書の価格よりも観劇のチケット代のほうがはるかに高い（シェイクスピアの時代では逆だった）。こうした構図はすべての舞台芸術に当てはまる。役者の一団を雇って大勢の観客を収容できる都心の会場を借りるには、巨額な費用がかかるからだ。人間がおもな「原材料」になる演劇のような分野では、あらゆることが割高になる。

以上がボーモルとボーエンの分析だ。この衝撃的な分析を受け、アメリカ政府は文化事業に対する公的支援増額の必要性を認識するようになったが、歴史の「自然な流れ」が変わることはなかった。

今日、ライブ・パフォーマンスは、ラジオやテレビ、そしてネットフリックスなどのオンラインを利用するようになった。こうして役者は、街から街への移動を強いられることなく観客に「王の死という悲しい物語」を何度でも語り聞かせることができるようになった。しかしながら、ライブ・パフォーマンスもメディアに吸収されてしまった。

進行中の革命により、サービス社会全体に同様の解決策が見つかるかもしれない。フーラスティエが語ったように、鍵となるのは人間だ。ところが、この人間は他者との関係を「最適化」するためにあらゆることをなす一群なのだ。

サービス産業

生産のために顧客と供給者が対面しなければならない活動がサービスだ。演劇の役者が観客の前で演技しなければならないように、美容師は顧客の髪を「対面で」切らなければならない(現在のところは……)。

「サービスの産業化」は、この相互作用において発生するコストを可能な限り削減することを意味する。こうした合理化を実現するには、いくつかの方法がある。

テレビは供給者が顧客を倍増させるテクノロジーの一例だ。これはいわゆる「規模の経済」の実現だ。

合理化の実現には「規模の経済」以外にも方法がある。たとえば生産者の代わりにアルゴリズムが顧客の世話をするという方法だ(例:人間のアシスタントなしで行なうオンラインでの予約や銀行口座の管理)。

三つめは遠隔医療などの方法だ。供給者と顧客の対面は必要だが、両者は必ずしも同じ場所にいる必要はない。

今後も実際の対面が必要なことはあるだろう。そこで問題となるのは「必要不可欠な実際の対面とは何か」である。

経済学者エステル・デュフロ〔一九七二―〕はアビジッド・バナジー〔一九六一―〕との共著『絶望を希望に変える経済学――社会の重大問題をどう解決するか』〔村井章子訳、日経ＢＰ日本経済新聞出版本部、二〇二〇年〕において、アルゴリズム革命の不穏な例を紹介している。非政府組織（ＮＧＯ）の責任者であるデュフロの姉には、人間のアシスタントがいない。面会の約束、飛行機の切符の手配、帳簿の作成など、通常なら人間のアシスタントが行なう業務は、ＩＢＭが開発した質問応答システム「ワトソン」が行なっているという。

経済学者キャサリン・ショー〔一九七二頃―〕が指摘するように、「知識労働者」と呼ばれる人々は、実際には多くの時間を本業以外の雑事に費やしている。ショーの推定によると、たとえば研究者の時間の六〇％は、研究以外の事務処理に費やされているという。

ＡＩの次の展望は、アルゴリズムが率先して活躍することだ。たとえば、ＡＩが出張の予定を入れると同時にホテルの予約も取る、出席した会議の報告書の草稿を作成する、会議の準備のために他の機械と連絡を取り合うなどだ。

もう一つの例はコールセンターだ。ほとんどの場合、コールセンターはアメリカなら英語圏、フランスなフランス語圏の貧しい国に移転した。まったく知識のないオペレーターであっても、いわゆるパレートの法則（質問内容はきわめて限られている）を応用すればコールセンターの業務をこなせるようになった。

この法則に従うと、たとえば最も多い質問が全体の五〇％なら、二番目に多い質問は全体の二五％、三番目は一二・五％という割合になる。つまり、この場合では三つの質問が全体の八五％以上を占める。これまでにコールセンターを外国に移転させることができたのは、「よくある質問」をまとめるこの法則のおかげだ。したがって、この業務においてコンピュータが人間の代わりを務めることは可能だろう。

そうはいっても、機械の音声ガイダンスに従って回答を得るには（例：テレビが壊れた。どうすればよいのか）、1、2、3などの番号を押すなどして、膨大な時間を費やすことになる。人間のオペレーターが登場するのは、最終的に解決しない場合だけだ。人間が登場しても往々にしてデジタル化されたマニュアル回答を繰り返し、本当にどうしようもない場合に限り、本物の技術者と話ができる。

残された課題は感情をともなう会話だ。AIの専門家ローランス・ドヴィレー（一九六二—）によると、音声、表情、身振りを手掛かりにする感情の認識とシミュレーションは大きく進化したという。これは「チャットボット（自動会話プログラム）」とも呼ばれている。[*1]

医療も直接的な影響を受けるだろう。医療アルゴリズムにより、大容量のデータベースから特定の症状を分析するための適切な情報を抽出することができる。すでに皮膚科医は、分析および診断された数百万枚の画像を活用して類似症例を即座に見つけ出すことができる。これは診断補助であって、現在のところアルゴリズムが医師の代わりを務めるということではない。

放射線技師に対する脅威はさらに大きい。レントゲン撮影を行ない、その解釈を同僚の医師に提示するのが彼らの仕事だ。ところが将来的には、この最初の診断はＡＩが行ない、医師は必要と判断すれば、デジタル粛清から生き残ったごく一部の放射線技師の意見に耳を傾けることになる。

セルフメディケーションも法律すれすれのところで盛んになっている。微熱があって喉が痛いと訴えると、ＡＩ介護助手は「少量のラム酒と二錠のアスピリンを飲んで静養してください。翌日になっても回復しないのなら診療所に行くように」と指導する。よいニュースとしては、こうしたアルゴリズムにより、患者と医師の関係を円滑にする仲介役としての介護者の役割が再認識されることだ。

サービスの産業化も工場の合理化プロセスを模倣するが、サービスの産業化で直接的に「テーラー化」されるのは消費者のほうだ。

一部の大型ショッピングセンターでは、スタッフの確保が難しい日曜日などは無人化している。セルフレジの導入だ。また、顔認識技術によって本人確認を行ない、料金は事前に登録したクレジットカードから引き落とす仕組みも登場するだろう。従業員のいないショッピングセンターは薄気味悪いと感じるかもしれないが、すでに店舗に出向く必要のないアマゾンは繁盛している。

自動運転の車

アルゴリズムに操られることはまだ一般的ではないが、その時期は迫っている。

アメリカ国防高等研究計画局（DARPA）の後援を受け、一五台の自動運転車がカリフォルニア州のバーストー市からモハーベ砂漠の真ん中までのおよそ二〇〇キロメートルの走行を試みてから、およそ二〇年が経過した。[注2] だが、この試みでは一台もゴールまで辿り着くことができず、ほとんどの車がスタートから数キロメートルの地点で棄権した。

その一年後の二〇〇五年十月八日、大きな進歩があった。およそ一〇〇か所のカーブ、三つのトンネル、一か所の峠越えを含むレースにおいて、スタンフォード大学のコンピュータ科学者セバスチアン・スラン（一九六七—）が開発および制御したフォルクスワーゲン・タヴァレスが七時間の走行の末、優勝したのだ。

二〇〇八年、セバスチアン・スランのチームを雇ったグーグルは、自動運転技術の研究に大きな成果をもたらした。二〇一二年、グーグルの車両は、大都市を結ぶ高速道路および都市部の渋滞を含む三万マイルの道のりを事故なく走破した。

自動運転車はその後も進化し続け、イーロン・マスク（一九七一—）が率いる電気自動車メーカーであるテスラの勝利で頂点に達した（マスクは宇宙開発企業スペースXの創業者でもある）。

自動運転車が大きな進歩を遂げたのは確かだが、乗客の安全がアルゴリズムに委ねられることにはまだ戸惑いがある。アルゴリズムにわずかな欠陥があっても、人間の命に関わる事故が起こる恐れがあるからだ。

統計的にアルゴリズムの事故率が人間よりも低いとしても、バスの運転手とアルゴリズムの信頼性を同じ基準で判断することはできないだろう。信号を無視した歩行者をはねた場合、機械は人間よりもはるかに厳しく罰せられるはずだ。

自動運転車が本当に気持ちよく走行できるのは、人間が運転する車両の走行が禁止されるときだろう。都市部を走行できるのが自動運転車だけになれば、車同士の交信は容易になり、事故はなくなり、渋滞は解消されるはずだ。そうなれば自分で車を運転するという楽しみはなくなる。一部の人々は不満を覚えるだろうが、近未来の暮らしとはそうしたものだ。

考えるロボット

現代人は人間のようなロボットという幻想を抱いている。ロボット工学の専門家ギル・プラット〔一九六一―〕によると、地球上の生物種が増殖したきっかけは、五億年前に視覚を発達させたことであり、ロボットもまもなくこの段階に達するという。[3]ロボットの画像認識のエラー率は、二〇一〇年の三〇%強から二〇一六年には五%未満になった。今後、ロボットのこのエラー率は人間を下回るだろう。

ロボットの音声認識も驚異的に進化した。アップルの「シリ」、グーグルの「アシスタント」、アマゾンの「アレクサ」は、聞いた言葉を認識し、その意味を解釈して回答するという新たなインターフェースだ。プラットによると、デジタル機器には他のデジタル機器と知識を瞬時に共有できるという画期的な能力もあるという。

研究者はこれらの成果を利用し、人間との快適な相互作用を実現するロボットの開発を目指している。[4]この分野で最先端に位置するのは、人口が急激に高齢化する日本だ。多くの国（とくにアメリカ）では、介護士としてのきつい労働に従事するのは、しばしば低賃金で働く移民だが、日本は移民に対して閉鎖的な国だ。日本が移民受け入れに消極的である背後にはロボットの存在がある。すなわち、移民に対する門戸を閉じれば、高齢者介護のロボット化を加速させることができるという考えがあるのだ。

急成長するホームオートメーションでは、自宅にセンサーを張りめぐらせて高齢者の健康状態を把握し、不慮の事故に備える。高齢者や要介護者の住居にロボットが常駐すれば、投薬や検温などの簡単な作業は、人間の介護者が遠隔から管理できるだろう。少なくとも医療スタッフは、患者の暮らしに付き添うロボットから詳細な報告を受取ることができる。

就職試験

ＡＩの利用は、採用や募集などの過程でも一般化しつつある。すでに一部の大学は、教員志願者の出身校や過去の業績を評価するためにアルゴリズムを利用している。一部の民間企業は、面接時の応募者の話しぶり、笑顔、共感力をアルゴリズムによって評価しようとしている。

「採用管理システム（ＡＴＳ）」などの採用アプリは、「リンクトイン」や「モンスター・ドットコム」などの就職支援アプリと提携している。将来的には派手な履歴書と自身の動画をつくるだけで、企業の採用担当者から声がかかるようになるのかもしれない。

マット・デイモンとジョディ・フォスターが主演するディストピア映画『エリジウム』では、アルゴリズムが大きな役割を担う。厳格なプロトコルに従うロボットが警察と司法を担うのだ。ロボットの裁判官は再犯率をはじき出し、その確率に応じて刑の重さを決める。ロボットの裁判官はデイモンに人間の裁判官に諮る機会を与えるが、デイモンは刑がさらに重くなることを恐れ、この提案を断る。

これはＳＦ映画に過ぎないが、『ＮＯＩＳＥ　組織はなぜ判断を誤るのか？』[‡5]〔村井章子訳、早川書房、二〇二一年〕には、アルゴリズムは正義をもたらすかもしれないという論考が紹介されている。この本の著者たち〔ダニエル・カーネマン、オリヴィエ・シボニー、キャス・Ｒ・サンスティーン〕の分析は、人間の判断の誤りを容赦なく証明することから始まる。

裁判官も人間であり、気分にむらがある。数千件の判決を分析したところ、地元のアメリカン・フットボールのチームが日曜日の試合に負けた翌日の月曜日には、厳しい判決が下ることがわかった。フランスでの大規模な調査からも、裁判官は被告の誕生日には寛大な判決を下す傾向が確認された(カーネマンは、裁判官が自身の誕生日にも寛大な判決を下す傾向があるかは検証されていないと揶揄している)。

陪審員も誤った統計理論の犠牲者だ。たとえば、すでに二人の庇護希望者の請求を認めた場合、三人目の審査基準は厳しくなる。

さらに、裁判官は気温にも敏感だ。数十万件の判決を対象にしたいくつかの調査によると、猛暑日には刑が重くなる傾向があるという。

天候が株価におよぼす影響も分析されている。天候がよいと株価は上がる(ただし、猛暑日は除く)。カーネマンが引用する研究によると、大学の試験官も天候の影響から逃れられないという。通常の天候の場合、試験官は提出書類の学術的な質(成績や論文の質)に傾注するが、天候がよいと、受験生の学業以外の資質にも気を配るようになる……。

医師も気分にむらがある。長時間勤務の終了間際の診断では、勤務開始時よりも鎮痛剤を処方する傾向が極端に高まるという。医師自身の疲労が患者の処方に影響をおよぼすのだろう。

これらの人間の判断ミスに対し、アルゴリズムは疲労や天候などに左右されない判断を提示する。

マサチューセッツ工科大学（MIT）のセンディル・ムッライナタン〔一九七三―〕の研究チームは、保釈のケースをAIによってシミュレーションした。このチームは、犯罪者の犯罪歴など、裁判官が持つのと同じ情報を入手した。ただし、偏見を排除するためにコンピュータには性別や人種に関するデータは入力しなかった。シミュレーションの結果からは、AIは人間の裁判官に比べて判決の質を大幅に向上させたことがわかった。

収監率は変わらないとしてAIの認める保釈を適用すれば、犯罪率はおよそ二五％減ることがわかった。また、MITの研究者たちは、再犯による犯罪率の低下によって収監率も四〇％くらい減らすことができると証明した。再犯率の低下というように目標が統計的に単純な場合、人間よりもAIのほうが優秀であるのは間違いない。

カーネマンらはAIの利点を長々と示した後、それでもAIの利用に警鐘を鳴らす。フィリップ・K・ディック〔一九二八―八二〕のSF小説をもとに制作された映画『マイノリティ・レポート』などでは、人々は人間の行動を完全に予測する科学が存在するのではないかと想像する。

たとえば、心臓発作の予測という単純なケースでも、AIの予測は医師よりも優れているが、最終的な両者の予測に大きな違いはない。医師が予測を誤るのは、彼らの能力の限界というよりも心臓発作を予測するための「客観的な兆候」が微小だからだ。

問題は、専門家がこの結果を認めようとしないことと、この結果をもって専門家が無能と非難されることにある。

デジタルに道徳はあるのか

今後、自動車メーカーは自動運転車の開発に際して道徳問題を熟考しなければならない。たとえば、二人の歩行者との衝突を避けるために一人の歩行者を轢《ひ》いてしまうといったジレンマだ。では、前者が高齢者で、後者が若者の場合ではどうなるのか。後者が横断歩道内を歩行中であることは考慮されるべきか。

このような身震いのする道徳問題への取り組みは、始まったばかりだ。だが、アルゴリズムの専門家がこうした問題に怯む様子はまったくない。というのは、こうした問題こそが、治療方針や判決など社会の多くの判断が機械に委ねられるという、彼らの思い描く社会の準備を進めることになるからだ。

ＡＩの道徳に関する専門家マルタン・ジベール〔一九七四—〕が『ロボットに道徳を』においてユーモラスに語るように、こうした議論は一九六七年に哲学者フィリッパ・フット〔一九二〇—二〇一〇〕が提起した「トロッコ問題」というジレンマから始まったようだ。それは次のような設定だ。

線路を猛スピードで走っていたトロッコが制御不能になり、このままでは前方にいる五人の作業員が轢き殺されてしまう。線路の分岐器を操作すれば、トロッコを別の線路に引き込むことができるが、その線路にも一人の別の作業員がいて、今度はこの作業員が轢き殺されてしまう。

では、どうしたらよいのか。

この疑問を検証するためにＭＩＴは「道徳機械実験」というオンライン・サイトを立ち上げ、回答者の年齢、性別、学歴による道徳観の違いを調査した。

できるだけ多くの人を救うべきだという回答が一般的であり、若者を優先して助けるべきだという回答も多かった。しかしながら、アジアや中東の国々では、高齢者を寛大に扱うべきだという回答も目立った。

できるだけ多くの人を救うべきだという咄嗟《とっさ》の道徳が、いわゆる功利主義的な判断だ。この基礎は十八世紀にジェレミ・ベンサム〔一七四八―一八三二〕によって築かれた。すなわち、「ある行為に関係する人々の喜びの総和が増大するのなら、その行為は道徳的に正しい」と見なすのだ。ベンサムのこの判断に従うと、一人は轢き殺されるが五人の命を救うことができるのなら、それは道徳的に望ましい行動だ。

だが、真の功利主義者なら、さらに具体的に考えるだろう。たとえば、五人が高齢者で一人が若者なら、計算結果は異なるかもしれない……。これは経済学者が持ち出す道徳だ。経済学者は人命の「価値」という不吉な計算を行ない（フランスではおよそ三〇〇万ユーロ）、たとえば線路での危険な作業が容認されるかどうかを判断する。これは行為の価値をその結果によって判断する、いわゆる帰結主義と呼ばれる道徳的な判断の特殊なケースだ。

ベンサムの道徳の対極には、しばしばカント〔一七二四―一八〇四〕の道徳がある。カントは正しい行為をその効果からでなく、その行動を導く原則から導き出す。いわゆるこの「義務論的な道徳」に従うと、いかなる状況であっても尊重されるべき絶対的な原則が存在する。たとえば、「他者を拷問してはならない」である。

カントの説くこの道徳がトロッコ問題において何を意味するかは、アメリカの哲学者ジュディス・ジャーヴィス・トムソン〔一九二九―二〇二〇〕が提唱した思考実験が参考になる。トムソンの挙げる設定は次の通りだ。

分岐器の操作では前方にいる五人の作業員を救うことはもう不可能だが、線路近くにいる別の人物を突き落とせば、列車はその人物と激突して脱線するので、五人の作業員は助かる……。決断を迫られる人物は自身の命を犠牲にして列車を脱線させるには小柄過ぎると仮定すると、この人物は自分の隣にいる大柄な人物を、殺意をもって線路に突き落とすべきなのだろうか。

トムソンのこの設定では、大半の人々が「許されない」と回答する。分岐器の操作の場合では「許される」と回答した人であっても「許されない」と回答する。彼らは道徳的功利主義者から義務論的な道徳者に転向したのだ。

この新たな道徳的観点からは、たとえ五人の命を救うという目的のためであっても、他者の命を（本人の同意なく）犠牲にしてはならない。なぜなら、各自の「尊厳」を絶対的に尊重すべきというのは大原則であり、他者をある目的のための手段として扱うことは許されないからだ。

コンピュータによる自動車の運転では、どのような道徳モデルを選択すべきなのか。前出のジベールによると、「徳」という第三の道があるという。功利主義者やカント主義のパラメータを設定するのではなく、似たような状況において徳の高い人物がとるだろう行動を模倣するという選択だ。これはアリストテレスの説く「フロネシス（知慮）」であり、しかるべきときに適切な方法で行動する能力である。

賢い親はサンタクロースを信じる子供にどう対応するだろうか。子供の夢を壊さないようにすべきか（子どもの幸せを考える功利主義的なアプローチ）、あるいは子供に真実を教えるべきか（原理主義的なアプローチ）。賢い親なら、子供の成長に応じて双方のアプローチを巧妙に混ぜ合わせるだろう。

ＡＩにとって問題なのは、第三の道というアプローチでは可変的で偶発的な状況に関するさまざまな変数に基づいて行動する必要があるということだ。当然ながら、これらの変数をまとめ上げることはきわめて難しい。

マーティン・ルーサー・キング・ジュニア〔一九二九―一九六八〕あるいはネルソン・マンデラ〔一九一八―二〇一八〕のような徳の高い人物が自動車を運転するのはどうだろうか。だが、これらの賢者たちが不測の状況でどのような判断を下すのかを把握するためのデータは、どうやって集めればよいのだろうか。馬車や馬に乗っていたときのデータを集め、これらを車に移し替えるだけでは不充分だ……。しかし、死者を蘇らせることができるのなら、この問題も解決できるのかもしれない。

今世紀の課題

哲学者エリック・サダン（一九七三―）は、「不穏な情熱が人間を突き動かす。神が自身の姿に似せて人間をつくったように、人間は自身の人工的な二重像を生み出す」[‡6]と記している。ＡＩに関する最も優れた思想家の一人であるサダンは、ＡＩをアレテイア（ギリシア語で「真理」を意味する）の力と表現する。テクノロジーが人間と似た存在をつくる新たな時代は、テクノロジーが人間に行動力を高めるための手段を付与していた時代とは大きく異なる。新たな時代では、ＡＩは人間と物質の効率的な関係を構築するだけでなく、人間に代わって現実を把握するようになり、機械は「人間よりも信頼性が高いと見なされるようになる」。サダンによると、「われわれの発言権を閉ざす、真実の一方的な押しつけを許さない」ことが、「今世紀の課題」だという。よって、彼は、学校、議会、裁判所など、社会生活を担う組織制度を存続させることが急務だと説く。

だが、アルゴリズムが人間の代役を容易にこなすのは、喜ばしいことなのかもしれない。マッキンゼー・グローバル・インスティテュートがおよそ三〇〇〇人の経営者を対象に行なった調査からは、テクノロジー分野以外でのＡＩ導入はまだ萌芽期だとわかった。

ところで、ロボットが人間の代わりを務めるようになるには、まだ多くのハードルがある。前出のルカンが指摘するように、ロボットには「常識」が欠けている。人間なら植物が植わっている植木鉢と、掃除が必要な汚れた植木鉢を見分けるのは簡単だが、ロボットにはまだ難しい。床の掃除などの特定の作業を行なう単機能型ロボットはあるが、たとえば、ごみを見つけて片づける多機能型モデルはまだ存在しない。

ロボットが存分に威力を発揮するのは、ロボットのためにつくられた工場や倉庫といった特殊な場所だけだ。それでも、工場をアルゴリズムによって完全に制御できると考えるのは幻想だ。その例がイーロン・マスクだ。

二〇一六年、マスクはテスラの新型モデル「モデル3」の生産を発表した際、このモデルは完全に自動化された工場で製造する予定だと述べた。自信たっぷりのマスクはこの工場に「異星人のドレッドノート級戦艦」というSFめいたあだ名をつけた。この工場は最先端のテクノロジーを導入し、ロボットによる高速作業が可能になるはずだった。ロボットを挟んで、一方には原材料、他方には車体が配置された。二〇一八年末にはこの工場はフル操業になる予定だった。

しかし、二〇一八年中頃、工場では解決不能な問題が生じていることが判明した。現場は「災害から数週間しか経っていない地獄」のようだったという。完全自動化は誤りだったのだ。この一件に関するマスクのツイッターでの謎めいた結論は、「人間は過小評価されている」だった。法学者アラン・シュピオ〔一九四九─〕も雑誌『新たな工場』のインタビューにおいて、「人間の仕事を自動化しようとするのは幻想[‡7]」と切り捨てた。

新たなテクノロジーが活躍の場を見つけるのには時間がかかる。ＩＢＭが開発した質問応答システム「ワトソン」は、多くの事務作業を人間に代わってこなす便利なツールかもしれないが、請求書の支払いという一見単純な作業であっても、これを「ワトソン」に任せようという大胆な人は、ほとんどいないだろう。

電気は新たに発見された技術が本格的に利用されるまでに時間を要した古典的な例だ。経済学者ポール・デヴィッドソン〔一九三〇―〕によると、電気を利用するアメリカ企業の割合は、交流発電機の発明から三〇年後の一九一九年でも全体の半数だったという。

電気は、都市部、次に家庭でも電灯として用いられるようになった。しかし、電気が本格的に利用されるようになったのは、後に発明されたラジオ、テレビ、洗濯機などのさまざまな電気機器だった。社会に急変をもたらす技術の特性は、発明者の理解を変えるあらゆる可能性を提供することにある。たとえば、鉱山の排水のために開発された蒸気機関が、数千人の乗客を運ぶ鉄道に利用できると理解されるまでには数十年もかかった。

発明家自身が自分の発明の有用性を見誤ったケースは枚挙にいとまがない。たとえば、トーマス・エジソン〔一八四七―一九三一〕は蓄音機の用途として遺言の録音を考えていた。また、アレクサンダー・グラハム・ベル〔一八四七―一九二二〕は、電話によってコンサート会場にいなくても音楽を聴くことができると考えていた。

ＡＩの用途をめぐる現在の不確実性は、まだ何も決まっていないという点ではよいニュースだが、どのような方向に進むのかわからないという点では悪いニュースだ。現時点では、ＡＩの最も有益な用途は誰にもわからない。

カリフォルニア州のパロ・アルトにある未来研究所の元所長の名前を冠した「アマラの法則」によると、新たなテクノロジーがおよぼす影響について、人間は短期的には高く見積もり過ぎ、長期的には低く見積もり過ぎる傾向があるという。今後五年から一〇年の間に大きな進展がないとすると、（もう少し）長期的に考えるべきなのか。

都市部の交通、銀行口座の管理、医療などは、間違いなくアルゴリズム科学の領域になる。だが、脳と機械のインターフェースや仮想空間での暮らしなどの領域も変革されるに違いない。

確かなのは、デジタル革命によって社会的な暮らしが根底から再構築されるだろうということだ。人間の協力者をアルゴリズムのアシスタントに置き換えたり、実際に生身の人間と会う機会を激減させたりすることを、誰もが熟考しなければならなくなる。そうなれば、他者との関係は根本的に変化するだろう。

社会的なつながりの破壊は、心理的、社会的に計り知れない打撃をもたらす。人々がすでに動揺しているのは、こうした社会的なつながりの破壊という深刻なリスクを感じているからだ。

第4章　政治的アノミー

人々を貧しくする経済成長

デジタル革命は先進国社会を豊かにすると喧伝されている。しかしながら、この革命によって、「人々を貧困化させるテクノロジー」というパラドックスが進行中だ。デジタル革命の発祥地アメリカでは、過去五〇年間、労働者の賃金は事実上停滞している。[1] 労働者の賃金が停滞する一方、富裕層の収入は急増している。

経済学者トマ・ピケティ〔一九七一―〕らの研究によると、国全体の収入に下位五〇％の国民の収入が占める割合は、過去五〇年間で二〇％から一〇％になった。この間、上位一％の富裕層の収入が占める割合は、逆に一〇％から二〇％になった。こうしたアメリカの格差拡大は、すべての社会層の購買力がほぼ同じように向上した戦後とは大きく異なる。

デジタル革命の前に起こった十九世紀の蒸気機関と二十世紀の電気という二つの産業革命は社会に大きな影響をおよぼしたが、両者の影響は大きく異なった。

電気革命は大規模な組み立てラインを生み出し、社会的なつながりを密にして労働組合に新たな権力を持たせる効果をもたらした。十九世紀の蒸気機関による第一次産業革命も近代的な工場「ファクトリー・システム」を生み出したが、その社会的な影響ははるかに甚大だった。マルクス〔一八一八―八三〕の言葉を借りると、農民は「産業予備軍」を形成するために故郷の農村部から都市部への移住を強いられた。

五〇年以上にわたってイギリスの労働者階級の暮らしは悪化の一途を辿った。[*2] 機織り職人の賃金は機械が導入されるにつれて下落し、賃金の下落は機織り職人が工場から姿を消すまで続いた。マルクスの共著者エンゲルス〔一八二〇―九五〕は、一八四五年に出版した『イギリスにおける労働者階級の状態』において、「労働者階級、つまり、国民の大半は昨日の稼ぎを今日消費している。こうした大勢の無産階級の暮らしはどうなるのか」と心配した。

テクノロジーの進化は経済発展を促すはずだが、十九世紀の労働者階級が貧困化したという矛盾に経済学者は頭を抱えてきた。ロバート・アレン〔一九四八―〕は先述のエンゲルスの指摘を受け、生産性が向上するのに労働者が貧しくなる状態を「エンゲルスの休止」と名づけた。

労働者階級が新たに貧困化した中核には、「エンゲルスの休止」の新たな例であるデジタル革命がある。もっとも、これは主因ではない。とくにアメリカの場合、現代社会の混乱の主因はレーガン〔一九一一―二〇〇四〕による自由主義革命だ。

この革命の標的は労働組合だった。賃金の公平な分配に重要な役割を担ってきた労働組合は、社会階層の底辺で暮らす労働者に対する再分配を推し進めた。ところが、企業は高い技能を要しない業務を外部委託することによって、この望みを打ち砕いた。

経済学者フィリップ・アシュケナージ〔一九七一─〕の論文によると、真っ先にリエンジニアリングの対象になったのは、労働組合が強い企業が多かったという。[‡3]

一九八〇年代に定着した新たな生産体制では、情報通信技術が即座に導入されたのではない。遠く離れた企業に業務を委託するという労働の組織化を可能にする技術の先駆けとなったファクシミリは、データの送受信を容易にする画期的なツールだった。そして一九九〇年代になり、インターネットの登場により、状況は一変した。

この新たなシステムでは、最もパフォーマンスの高い企業がモザイク状に散らばる他の企業のまとめ役になり、それらの企業に収益性の低い業務を委託する。この変容において最も顕著だったのは、従業員の人数の少ない「スーパースター企業」の出現だ。

このモデルはＧＡＦＡを原型とするが、実際にはかなり一般的だ。どの産業部門においても上位五社の市場シェアは著しく拡大した。金融部門を除き、各部門の上位五社の労働生産性は競合他社よりもはるかに高い。どの産業部門においても、従業員が少なければ少ないほど儲かる。経済学者はこうした現象を「物理的な存在をともなわない、規模の経済」と呼んでいる。

ネットフリックスやグーグルは、従業員の人数を倍増させなくても売上を倍増できる。驚くべきは、このモデルがデジタル産業部門だけでなく、あらゆる産業部門にも定着しようとしていることだ。

アメリカでは上位一〇〇社が総付加価値の三分の一を生み出している。今日、これらの企業の市場シェアは五〇％にまで上昇した。[‡4] 付加価値に占める賃金の割合〔労働分配率〕を大幅に押し下げたのは、これらの「スーパースター企業」だ。

この革命の影響は、すべての国に等しくおよんでいるわけではない。たとえば、フランスは企業収入全体に占める賃金の割合の低下に抵抗している。そこには、よい理由と悪い理由がある。

悪い理由は、アメリカとは異なり、フランスには技術革新の最先端にいる企業が少ないからだ。よい理由は、最低賃金や社会的な保護などのフランスの社会制度全般が労働報酬の浸食をうまく阻止しているからだ。よって、フランスは格差拡大の影響をあまり受けていない（完全に免れているというわけではない）。[注5]

そうはいっても、フランスも他の先進国と同様、ここ数十年間、経済成長の鈍化に見舞われている。すべての国において生産性向上の息切れが確認されており、これが長期的に賃金上昇の足枷《あしかせ》になっている。[注6] 世帯規模を考慮した世帯収入は、一九六〇年代では一五年ごとに倍増したが、今日では増加しなくなった。フランスでもアメリカでも世帯収入の低迷の主因は、前出のボーモルが論じた「コストという病」だ。ようするに、「生産性向上の実現は、工業社会よりもサービス社会のほうがはるかに難しい」のだ。

アルゴリズム革命の課題はこの問題を「解決」することだが、それはまだ始まったばかりだ。その影響を蒙る労働者の観点からすると、治療にともなう痛みのほうが、この病の苦しみよりも厳しいのかもしれない。

生産システムのこうした変化により、中間的な仕事が減り続けている。フランスやアメリカを

はじめとするすべての先進国では、仕事全体に占めるこうした仕事の割合が減少している。[注7]

一方、社会階層の頂点に立つ「創造的な仕事」は最高の扱いを受けている。現代社会の勝者は、トレーダー、サッカー選手、アルゴリズムの開発者などだ。デジタル技術を駆使して聴衆の数を無限に増やすことのできる者は、定着しつつあるデジタル世界の恩恵を被る。

他方で、社会階層の底辺で最も増えた仕事は、人間を介護するという「繊細な活動」、つまり極度に「つらい仕事」だ。ただし、賃金は相変わらずきわめて低い。

このような仕事の二極化は、感性や創造力の面において人間は機械に対して比較優位にあるという論理を証明するものだ。規模の経済という容赦ない力は、「創造的な仕事」に就く者たちを際限なく豊かにする一方で、生産性を向上することのできない「つらい仕事」に就く者たちを困窮させる。

こうした過程で最も深刻な政治的影響は、中産階級の崩壊が止まらないことだ。企業の経営陣と現場の橋渡し役を担ってきた管理職や営業職は衰退した。企業を円滑に機能させるために、これらの中間管理職は不要になったようだ。

中産階級だけでなく労働者階級に属する人々にとっても、これまで約束されていた出世の見込みがなくなり、彼らは大きな幻滅に苛まれている。自信喪失や将来に対する絶望は、厳しい影響を蒙る人々に強烈な精神的ショックをもたらす。

労働者の自殺

二人の経済学者アン・ケース〔一九五八―〕とアンガス・ディートン〔一九四五―〕は『絶望死のアメリカ』〔松本裕訳、みすず書房、二〇二一年〕において、アメリカの労働者階級は消滅寸前の工業世界と（工業世界を必要としない）デジタル世界との狭間で身動きが取れなくなり、絶望感を募らせていると記している。十九世紀、フランスの医師ヴィレルメ〔一七八二―一八六三〕は、フランスの労働者階級の精神的、肉体的な疲弊に警鐘を鳴らす報告書を記した。ケースとディートンの著書は、この報告書の二十一世紀初頭版に相当する。

著者の一人でありノーベル経済学賞を受賞したアンガス・ディートンは、前著『大脱出――健康、お金、格差の起原』〔松本裕訳、みすず書房、二〇一四年〕において、二十世紀の西側諸国は、抗生物質の発明、狂犬病やコレラの対策強化などの医学の大きな発展によって死亡率を低下させたと分析した。ところが、アン・ケースとの共著では、前著とは逆に絶望を物語る。アメリカでは、医学の発展の恩恵は社会によって奪い取られたのだ。アメリカのトラウマを描き出すこの本は、悲惨な統計的事実を詳述する。たとえば、特定の社会層の死亡率が上昇したことだ。すなわち、四十五歳から五十四歳の大学を卒業していない白人だ（いわゆる「プアホワイト」）。

ケースとディートンの用いる「絶望死」には、自殺、薬物の乱用、アルコール依存症が含まれる。これらの死は三〇年弱で三倍に増加した。アメリカの労働者階級は将来を奪われ、高まる社会的孤独の影響に苦しみ、悪徳な研究所が推進したオピオイド〔鎮痛剤〕の餌食になっている。

過去数十年間における死亡率の上昇は、まったく予想外だった。二十世紀の成人の罹患率は一九三〇年代および第二次世界大戦においても低下した。一九一八年のスペイン風邪のときを除き（コロナ危機にも部分的に当てはまる）、罹患率の低下は揺るぎない傾向だと思われていた。

オピオイド服用に見られるこうした隠れた疫病の罹患者に共通する一つの特徴は、高等教育を受けていないことだ。アン・ケースの言葉を借りると、この教育の欠如は「赤字の斜線のかかった《学士号》というバッジを身に着けることを義務づけられているかのようだ」。一九八〇年代生まれの世代では、高卒以下の白人の自殺率は、残りの世代の四倍以上だ。

ケースとディートンが分析したのは、労働者階級が社会に見捨てられたという一般的な現象に関する目に見える部分だ。俳優クリント・イーストウッドは映画『グラン・トリノ』において、この崩壊しつつある白人社会の典型的な人物を演じた。この映画の主人公のように、かつては、フォードやGMの会社員であることを誇りに思うことによって強い社会的帰属意識が育まれていた。

経済学者ダロン・アシモグル〔一九六七―〕は、こうした問題を「グッドジョブ（良質な雇用）」、つまり昇進の見込みのある高収入の仕事の消滅と要約する。[‡8] 工業界の大企業が消滅し、そうした昇進の機会は失われた。

フランスの二人の経済学者ボー〔一九五八―〕とピアルー〔一九三九―〕は、フランスについても同様の見方を示している。「労働者が社会的に昇進する可能性は消滅した。労働者が経営陣に加わる可能性はほぼなくなった」[‡9]。

脱工業化社会の到来により、かつての職業構造は崩壊した。何もかも外部委託する経営により、メンテナンス業務、運転手、販売担当などの仕事は、最安値を提示する会社が担うようになった。サービス業に従事する非熟練労働者は、工業界の企業の特徴である密な社会的な関係を築くことができなくなった。

「黄色いベスト運動」の活動拠点になった幹線道路の環状交差点《ラウンドアバウト》で目立ったのが、これらの外部委託された仕事（例：運転手、介護者）に就く者たちの姿であり、労働組合の代表はしばしば彼らとは一定の距離を置いていた。

デュルケームへの回帰

そうした絶望死の原因を理解するには、一八九七年に出版されたエミール・デュルケームの『自殺論』〔宮島喬訳、中央公論新社、二〇一八年〕を再読してみる必要がある。この本はフランスの社会学、さらには社会科学の可能性の基盤となった卓越した書だ。

自殺という特異な現象が毎年一定の割合で生じるという事実は、自殺には一般的な法則が働いているからであり、これは社会学の研究対象になるという。

そこでデュルケームは、自殺が心理的というよりも社会的な現象であると説いた。その証拠に、精神病院でよくみられる社会集団と自殺する社会集団は一致しない。男性と女性を比べると、鬱《うつ》病になった経験では女性のほうが多いが、自殺では男性のほうが多い。同様に、宗教別に比較すると、ユダヤ人の場合、自殺率は低いが、精神科に通う割合は高い……。自殺の原因は個人でなく社会にある。個人を自殺に追いやるのは社会とのつながりの喪失だ。まず、デュルケームは近代的な暮らしによって人間関係が断ち切られた人々が陥る「利己的な自殺」を分析した。十九世紀、最初の犠牲者になったのは、都市部で働くために故郷の土地を捨てざるをえなかった農民だった。

およそ一〇〇年後、社会学者クリスチャン・ボーデロ（一九三八―）とロジェ・エスタブレ（一九三八―）が現代の統計を用いて検証したところ、自殺が多いのはデュルケームの時代とは逆に農村部だったが、原因は同じく社会的な孤独だった。[‡10] 労働者階級の大半は他の階層との接点を失った。

ボーデロとエスタブレも指摘するように、デュルケームは「昔はよかった」と言いたかったのではない。彼は近代化がもたらす恩恵を高く評価していたが、この恩恵に浴するには支払わなければならない人的コストが甚大であることを示したのだ。

デュルケームは自殺に関して社会的な孤独以外にも、これに近いが影響力の異なる別の要因を指摘した。それは社会が既存の法則に従わないという感覚を言い表わす「社会的なアノミー」だ。

世の中が無秩序になったと感じるときに自殺率が増える。デュルケームがこの本を執筆した当時、その最も顕著な例は離婚だった。離婚の当事者は、自身の立ち位置を理論化する指標や手段を失う。その結果、不安、動揺、不満が生じる。離婚の多い地域は自殺も多かった。デュルケームによると、独身者は将来に自己を見出すことができない。つまり、独身者は将来に自己を投影するというよりもはるかに曖昧な感覚である「希望」しかない現在に閉じ込められた状態にあるという。

現代のアノミー

パリ政治学院研究センター（CEVIPOF）の研究員リュック・ルーバン〔一九五八―〕が指摘するように、フランス社会に最も深刻な亀裂が生じるのは、当然ながら社会的な孤独という土壌においてだ。[‡11]「フランスは一つの国家なのか。あるいは、複数の共同体によって引き裂かれた国家なのか」という質問に対し、「一つの国家」と答えた割合は四二％だった一方で、「共同体の群がり」と答えた割合は五三％だった。これはジェローム・フルケ〔一九七三―〕の仮説を裏づける。[‡12] 回答に経済モデルに対する選好の影響は弱い。つまり、自由主義経済推進派であっても統制経済推進派であっても、回答にはほとんど影響をおよぼしていない。

パリ政治学院研究センターはこの問題を深く掘り下げることにより、対立するイデオロギーや共同体によって分断されているフランスの別の姿を描き出した。フランス国民の間では、デュルケームが語った「社会的なアノミー」、つまり、社会への帰属意識を失い、自身の社会的な役割を見出せなくなった感覚に苛まれる人々が増加していることが判明したのだ。

たとえば、パリ政治学院研究センターは、フランス国民に、広い意味での社会的つながりについて次のように尋ねた。「あなたが第一に属していると考える共同体は次のうちのどれですか。国家共同体、自身と同じ価値観〔例：宗教〕を持つ人々の共同体、自分と同じ言語を話す人々や地理的出自を同じくする人々の共同体、自分と同じ嗜好や生き方を共有する人々の共同体、あるいはいかなる共同体にも属していない」。回答に非常に幅の広い選択肢を用意したのにもかかわらず、フランス国民の四五％は、「いかなる共同体にも属していない」と回答した。

この「アノミー」傾向は労働者階級では六五％と顕著であるのに対し、上流階級では二五％と低かった。最も「アノミー」なのは当然ながら「国民連合〔旧党名は国民戦線。フランスの極右政党〕」の支持者だ〔全体の五四％〕。一方、「不服従のフランス〔フランスの極左政党〕」の支持者は、「共和国前進〔エマニュエル・マクロンが結成した中道政党〕」とほぼ同じく三四％だった。

アノミー傾向が顕著だったのは、一九六〇年代では極左だったが、今日では極右だ。すなわち、多くのフランス国民は、過去では息苦しい社会から抜け出したいと願っていたが、今日では逆に、社会に帰属する方法を見出したいと念じているのだ。

ジェローム・フルケとジャン＝ローラン・カセリー〔一九八〇―〕は、労働者が社会的排除の犠牲者になるまでの過程を描いた。[‡13] 彼らによると、労働者のアイデンティティは工場からショッピングセンターへと移り変わったという。彼らはこの変遷の象徴的な例として「黄色いベスト運動」の最初のデモの翌日である二〇一八年十一月十八日に、デモ隊の代表団が県の庁舎でなくディズニーランドの入り口を封鎖して入場料を無料にするように要求したことを挙げる。この逸話は、工業社会からサービス社会への移行を物語る。すなわち、スーパーのレジ係、要介護高齢者施設の介護者、ウーバーイーツの配達員などの低技能のプロレタリアートが働くのがサービス社会だ。

今日のフランスでは、工業部門で働く労働者の割合は一〇%未満であり、こうした状況はアメリカやイギリスでも同様だ。工場のあった地域は脱工業化によって活力を失った。そして工場は地代の安い遠隔地で操業するようになった。というのは、生産したモノは運べばよいからだ。ところが、第三次産業によって、まったく新たな地理が生み出された。仕事があるのは顧客のいる都心部だ。工場を追われた労働者は、家賃の高い都市部から追放され、値上がりしつづける交通費と長い通勤時間を甘受しなければならない。

影響を受けているのは仕事内容だけでなく労働者階級の社会学全般だ。地理学者アルノー・フレモン〔一九三二―〕はこれを「工場‐団地‐スタジアム」という三段論法によって把握する。脱工業化により、共産党の政治基盤だった工場内外の労働者の密なつながりのある生活は破壊された。

労働者が暮らしていた団地は売却されるか解体された。もっとも、これらの住宅は自治体が引き継ぎ、社会的弱者や失業者などの低所得者層向けの住宅として運営されることもあった。

工業界の大企業は、しばしば労働者階級の文化において大きな役割を担うサッカーを支援してきた。

たとえば、サッカー・クラブチーム「ASサンティエンヌ」だ。現在も「スポンサリング」は継続しているが、地域住民へのサービスは終了した。一九二八年からプジョー家が支援してきたサッカー・クラブチーム「ソショー=モンベリアル」は、自動車会社プジョーの労使関係の強化に貢献してきたが、売却された。なぜなら、プジョーは「当社の価値観に合い、国際的で性別を問わず親しまれるスポーツであるテニス」のスポンサーになることを選択したからだ（プジョーはこのスポンサー契約も解消した）。

脱工業化の影響をまともに受けた地域は、不可逆的なダメージを食らった。工業地帯からどこでも働くことのできる高い技能を持つ住民がいなくなると、医療や教育などの高度なサービスは崩壊し、残った住民は社会的な孤独という万力によって締め上げられた。

政治革命

この孤独感や社会的苦悩は、二〇一六年のドナルド・トランプ〔一九四六―〕の大統領選に大きな影響をおよぼした。トランプの勝利により、イギリスのEU離脱、イタリアのサルヴィーニ〔一九七三―〕やブラジルのボルソナーロ〔一九五五―〕の勝利など、「ポピュリズム」と呼ばれる運動の勢いは一気に増した。

二〇一六年の大統領選時に、アメリカ世論の二極化は頂点に達し、互いに敵意をむき出しにする二つのアメリカによるいがみ合い激化した。

「自分の子供が民主党支持者と結婚することを不満に思うか」という質問に対し「イエス」と答えた共和党支持者は、一九六〇年代では五％だったが、今日では五〇％になった……。反対陣営の知性や誠実さに関する質問に関しても、同様の嫌悪感が確認できる[‡14]。

投票時の政治面での二極化は地理的にも存在する。各郡の共和党支持あるいは民主党支持は三〇年前よりも鮮明になった。バイデン〔一九四二―〕とトランプの支持者は、もはや同じアメリカで暮らしているのではない。民主党の支持者は大都市に多い一方、小さな街や農村部で暮らす人々はトランプに投票した（もっとも、彼らだけでなく都市部で暮らす従来の共和党支持者もトランプを支持した）[‡15]。

いくつかの研究から、トランプの勝利は、労働者階級が社会的な孤独へと追いやられているというケースとディートンの描く絶望と、密接な相関関係にあることがわかった。有権者が不幸だと、トランプに投票するという傾向が明らかになったのだ[‡16]。

社会的な疎外感がきわめて重要な問題になったのは、政治討論の場でアイデンティティの問題が盛んに議論されるようになったことからもわかる。政治討論の場で耳にする言葉は、かつては社会階級、労働者、ブルジョワ、再分配などだったが、今日では人種や国家といった「アイデンティティ」になった。

トーマス・フランク〔一九六五―〕は『なぜ貧者は右派に投票するのか？』において、〔自動車産業が衰退した労働者の街だったデトロイトのように〕航空機産業が衰退したカンザス州ウィチタの変貌を描いた。労働者のアイデンティティだった工場が閉鎖されると、ウィチタは右翼の街になり、ほとんどの住民は中絶反対の急先鋒になった……。

脱工業化によって社会問題が噴出する一方、政治的な反応は文化的な場で表明されるようになった。誰もが独自の方法でこの謎めいた状況に立ち向かわなければならない。

二人の政治学者イングルハート〔一九三四―二〇二一〕とノリス〔一九五三―〕によると、文化的な問題は一九六〇年代の文化革命の余韻を引きずっている人々からの「しっぺ返し」であり、彼らはこれを右派への投票という形で表明しているという。[‡17]

しかしながら、この解釈には疑問を覚える。というのは、イングルハートとノリスが示唆するのとは異なり、極右政党の支持者には、高齢者だけでなく若者も大勢いるからだ。極右支持という変節を新たな文化的慣習についていけない世代の最後のあがきと見るのは腑に落ちない。

もう一つの解釈は、かつての再分配をめぐる階級闘争が、今日では移民をめぐって繰り広げられているというものだ。左派政党は国際主義を掲げるため認めようとしないが、労働者階級のアイデンティティを破壊したのは移民だと見なされている。[‡18]

この解釈は外国人嫌いを主戦場にする政党の言説に限りなく近い。この新たなポピュリズムを具現する右派政党は、強烈な外国人嫌いという傾向を持つ。こうした傾向は格差の拡大の影響が軽微なスカンジナビア諸国でも確認できる。たとえば、スウェーデン民主党、デンマーク国民党、真のフィンランド人、オーストリア自由党、黄金の夜明け〔ギリシア〕、同盟〔イタリア〕などの政党は、いずれも外国人排斥を基盤にしている。フランスの国民連合もこうした傾向を象徴する政党だ。

だが、これらの政党の共通点は外国人嫌いだけではない。たとえば、外国人嫌いは同性愛嫌悪と完全な相関関係にある。経済学者タベリーニ〔一九五六―〕らによると、これは累積的な現象によるものだという。アイデンティティの問題が提起されると、この問題を生じさせたのとは異なる考察が育まれる。しかしながら、外国人嫌いの場合、移民というテーマ自体が別の原因による結果だという、論証の逆転が可能になる。

たとえば、前出のジェローム・フルケは『分裂国家フランス』において、国民戦線〔現・国民連合：フランスの極右政党〕への支持と、（各自治体の子供の名前を調査することによって）イスラム系共同体の存在との相関関係を分析した。国民戦線の支持者が最も少ないのはイスラム系の名前が稀な自治体だ。国民戦線への支持者は、イスラム系の名前が増えるに従って増加し、出生者の名前全体に占めるイスラム系の名前が三分の一を超えると下降する。この逆転現象からは、イスラム系住民が多くなると差別主義者は減ると解釈できる。

ところで、最も興味深い点はイスラム系の名前を持つ子供がまったくいない自治体についてだ。この自治体の国民戦線の支持率が国の平均値（二三％）よりも低いのは確かだが、それでも一七％もある。これは政治が変化する過程で外国人嫌いや人種差別以外の何らかの要因がアイデンティティの問題へとシフトしていることを意味する。

われわれが『ポピュリズムの起源』[‡19]で提示した回答は、デュルケームの自殺に関する考察に近い。すなわち、社会的なつながりが希薄になったために他の社会に嫌悪感を覚えるという社会的なアノミーが自己のアイデンティティという欲動を生み出し、この欲動が階級社会や再分配といった従来の問題を凌駕したのだ。

国民戦線の党首ル・ペンの支持者は従来の右派政党の支持者と似通っているが、ル・ペンの支持者は社会制度だけでなく他者に対しても大きな不信感を抱いている。彼らの間では「あなたは偶然に出会った人物を信用できますか。それとも油断は禁物と考えますか」という質問に対し、「油断は禁物」という回答が病的なまでに多い。

彼らは見知らぬ人物だけでなく同僚や隣人に対しても不信感を抱く。極右の支持者が抱く不信感は、従来の右派の支持者よりもはるかに強烈だ。伝統主義者や地主などからなる後者は、危険な社会層を警戒する。一方、極右政党の支持者はより大きな不信感を抱く。これは個人の運命の細分化が進む状況において、彼らが社会を構築することの難しさを物語る。

民主主義に対する憎悪

政党間に生じた新たな暴力は、民主主義の理想が大きく損なわれたことも意味する。[‡20]「民主主義は最良のシステムだろうか。それとも民主主義と同じくらいよいシステムはあるだろうか」という問いに対し、フランス人の三人に一人は後者と答えた[‡21]。

有権者の政治家に対する評価は厳しい。ヨーロッパ市民の八七％とアメリカ国民の八八％は、「ほとんどの政治家は自身の利益を守るだけであり、自分のような市民には関心がない」と考えている。信頼度に関しては、病院と中小企業は七五％、国会は三五％、政党はたったの一五％だ。政治家が腐敗していると考える人の割合に関しては、ヨーロッパは七七％、ハンガリーとポーランドは九一％と最も高く、アメリカは七九％だ。そして政治が過激化するため、棄権が増加すると同時に急進的な政党の支持率がこれまでになく高まっている。

こうした政治不信は、政党の影響力低下にも見て取れる。二〇二二年のフランス大統領選の際、有権者は政党に対してほとんど関心を持たなかった。おもな候補者だったマクロン、ル・ペン〔一九六八―〕、メランション〔一九五一―〕、ゼムール〔一九五八―〕に共通するのは、自身のイメージに応じて政党をつくったことであり、これまで彼らだけが自身の政党の大統領候補だったことだ（ただし、ル・ペンだけは大統領候補だった父親ジャン＝マリーから政党を引き継いだ）。

この変貌は、既存政党を支持しなくなった国民が政党でなく人物を選ぶようになったことを意味する。政治活動におけるこうした脱組織制度化の傾向は、フランスだけでなく多くの国で確認できる。

イタリアの「五つ星運動」や「同盟」などのポピュリズム政党の「構成要素」の一つは、これらの政党が「既存政党を批判する政党」として結成されたことだ。カス・ミュデ〔一九六七―〕の研究によると、こうした姿勢には二つの段階があるという。[‡22] 第一段階は、与党の政策失敗を理由に展開する与党批判だ。たとえば、ギリシアでは「急進左派連合」が与党だった社会党を痛烈に批判し、第二段階として自分たちが与党になった。

さらには、政党そのものを認めないという過激な批判もある。また、「政治家は腐敗しており、彼らは国民の利益よりも自身のキャリアのほうが大切だと思っているに違いない」と考える人々は、カリスマ性のある指導者が政治運動を起こし、一九三〇年代のように政治指導者と国民が融合することによって大衆とエリート層の対立を解消させることが解決策だと唱える。

しかしながら、ミュデが指摘するように、一九三〇年代、民主主義はまだ新しい考えだった（とくにイタリアとドイツ）。政党を嫌う傾向は、誕生まもない民主主義に対する一般的な嫌悪と密接に関係していた。ところが今日、政党の存在に疑問を唱える言説が展開されているのは、民主主義の内部においてだ。民主主義を育むはずの政党が民主的でないと見なされている。

社会学者ミシェル・オフェルレ〔一九四七―〕は政党に関する著書の再版の結論において、皮肉にもこの政党批判に同調した。オフェルレは次のように記している。「垂直装置は危機に瀕している。有権者は真実を聞きたがっている。世論は大上段に構えたイデオロギーではなく争点やイメージによって決まる……。戦闘的な態度が支持されないこともその表われだ。個人主義への回帰は政治への緩い関与が求められていることを意味する……。本書を読めば時代の息吹を感じることができるだろう……[‡23]」。

オフェルレによると、政党は「長期的に死んだ状態になる」という。だが、政党の代役はそう簡単には見つからない。かつて労働者が共産党を支持したとき、労働者は生産手段の共有化だけでなく、男女平等や国際主義など共産党の中核的な価値観に共鳴し、自己の内面を充実させてきた。政党は党員に対し、複雑な世界を生き抜くための鍵を提供してきた。

「新たな政治組織」が従来の政党に取って代わる形態がどのようなものであれ、従来の政党が弱体化すると、社会を構築してきた組織制度である企業や労働組合の弱体化も加速する。

政党の危機により、政治的なアノミーに社会的なアノミーが加わることになる。

民衆の声

インターネットの誕生によって、世界規模の真のアゴラである新たな民主主義が誕生するという夢がある。たとえば、ミートゥー、ブラック・ライブズ・マター、エクスティンクション・レベリオンなどの国際的な〔市民的抵抗〕運動だ。

それらのなかでも最も輝かしい成果は、独裁政権に対する蜂起を可能にしたことだろう。二〇一〇年のアラブの春や二〇一四年のウクライナのマイダン革命は、この新たな民主主義から誕生した。ウォール街占拠運動やフランスの黄色いベスト運動も同様だ。

そうはいっても、ソーシャル・ネットワークにより、真の討論の場が誕生したとは思えない。「（ソーシャル・ネットワークは）ともに暮らすことを模索するのではなく、現代社会の亀裂、分断、細分化を助長している[注24]」。

民主主義は、統治形態であると同時にともに暮らすための技法だ。ソーシャル・ネットワークは、華やかさを求めて競争相手を憎悪する経済によって蝕まれている。哲学者エドガール・モラン〔一九二一―〕が語ったように、「過去二〇年間、フランスだけでなく世界中で、二元論、一方的な見方、憎悪、侮辱が急増した」。

もちろん、社会に蔓延するこの緊張感の直接的な原因はデジタル革命ではない。だが、デジタル革命はこの緊張感のこれまでにない増幅装置になっている。ソーシャル・ネットワークでイスラムの敵だと糾弾されただけで、フランスの中学教師サミュエル・パティはイスラム過激派の男に殺害されてしまった。

緊張感を促すイデオロギーが存在するのは確かだが、われわれが暮らす時代の新しさはデジタル空間固有の論理に負うところが大きい。哲学者シリル・ブレット〔一九七五―〕は『ル・モンド』紙のインタビューにおいて、現代政治が過激化した主因は、ネット上の暴力だと語った。自分と意見の異なる者は敵であり、敵なら脅すこともためらわないという発想だ。

フロイト風に語るなら、ソーシャル・ネットワークは自我を介さずに超自我とイドを解離する。

フェイスブックやインスタグラムなどの超自我ネットワークでは、自分をできるだけ美しく見せ、自撮りの笑顔を増殖させ、料理などあらゆるものを撮影対象にする。欲動が宿るイドは、匿名という仮面を被り、社会に眠る憎悪や残虐性を解き放つ。

テニス・ファンという悪意のなさそうな集まりであっても、ネット上の暴力からは逃れられない。たとえば、ナダル〔一九八六―〕のファンはフェデラー〔一九八一―〕やジョコビッチ〔一九八七―〕のファンに対して憎悪をむき出しにする。

科学を純粋に啓発することが目的のアメリカのあるサイトは、サイト内の記事を読んで激怒した創造論者の執拗な攻撃を受け、コメント欄を閉鎖せざるをえなくなった。

ネット上に流通する吐き気を催させる文化の隆盛を物語る逸話を紹介する。アメリカのソーシャル・ネットワークを「監視なし」で独学するマイクロソフトのAIが、閲覧したサイトで吹聴されている文化を吸収したところ、このAIはあっという間に「白人至上主義者」になった。イスラム過激派の人材確保の場は、モスクよりもこれらのネット上（そして刑務所）のほうが圧倒的に多い。自分を無視する社会に復讐し、他者を殺害した後の己の死の演出を含め、自身に注目を集めるためなら手段を選ばない。

ポピュリズムの台頭をフェイスブックなどのソーシャル・ネットワークのせいにするのは誤りだろう。だが、これらのソーシャル・ネットワークが果たす役割は本物だ。

ある実験からは、ソーシャル・ネットワークがこうした憎悪の文化に直接的な責任を担うことがわかった。また、別の研究では、フェイスブックの利用を一か月間停止することがおよぼす影響が分析された(被験者はおよそ三〇〇〇人)[‡25]。この実験が終了した後、フェイスブックを頻繁に利用していた被験者は、中毒症状から回復したかのように利用頻度を激減させた。利用再開が許されても、彼らのソーシャル・ネットワークの利用頻度は大幅に低下したのだ。実験後、被験者の八〇%がフェイスブック利用停止の効能を認めたという……。

群衆の英知

トランプの大統領選での勝利は、政治的な議論にフェイク・ニュースが入り込んだことでも注目された。フェイク・ニュースを拡散することで悪名高いサイト(「真面目な情報」は五〇%未満)がトランプを支持する割合は圧倒的に高かった。

大統領選前の一か月間、ソーシャル・ネットワークでは、トランプに有利に働くフェイク・ニュースの数はおよそ一〇〇本であり、これらがシェアされた回数は三〇〇〇万回以上だった。一方、ヒラリー・クリントン(一九四七―)に有利に働くフェイク・ニュースの数はおよそ四〇本であり、これらがシェアされた回数はたったの七六〇万回だった[‡26]。

他者と会話する、意見を交換する、つまり、民主的な議論を育むためにつくられたテクノロジーが、フェイク・ニュース、暴力、憎悪などのほとんど正反対の仕組みを構築したという、この予期せぬパラドックスをどう捉えればよいのだろうか。

カーネマンらは一九〇七年にフランシス・ゴルトン〔一八二二―一九一一〕が発表した論文『民衆の声』に立ち戻ることで、このパラドックスを把握する方法を提示した。ゴルトン自身、怪しげな人物だった。ダーウィン〔一八〇九―一八八二〕の従弟であるゴルトンは、すぐに「社会ダーウィニズム」の宣伝塔になった。人間自身が自然選択を推進すべきだとするゴルトンの理論は、優生学やナチズムの基本理念となった。

ゴルトンが恐ろしい思想の持ち主だったにせよ、彼の論文は後に何度も検証され、この論文を再発見した雑誌『ニューヨーカー』の人気コラムニストであるジェームズ・スロウィッキー〔一九六七―〕は、これを「群衆の英知」と呼んだ。[‡27]

ゴルトンは、吊るしてある雄牛の体重を予測するという大会について語った。雄牛の体重を正確に言い当てた者は誰もいなかったが、（驚いたことに）この大会に参加した七八七人の回答の平均値は、雄牛の実際の体重とほぼ一致した（誤差はほぼ一キログラム）。

似たような結果は数多く得られた。たとえば、透明の容器に入ったそら豆の数、二つの都市の間の距離、ある都市の犯罪件数、二国間が接する国境の長さなどの予測だ。これらのどの予測においても、回答の平均値はきわめて正確だとわかった。

統計学者なら、これは大数の法則の応用だと述べるだろう。すなわち、一定の仮定のもとでは、サンプルの平均は正確な数値に向かって収束する傾向があるのだ。

この実験をさらに一歩進めて、被験者が予測した後に、同じ被験者に再度予測してもらうという実験が行なわれた。二つの回答の平均値は、そのどちらか一方よりも優れていた。この実験を企画した人物はこれを「自己のなかの群衆」と呼んだ。

ソーシャル・ネットワークで起きていることを理解するには、調べ物のために集まったさまざまな人たちが意見を交換するとどんなことが起こるのかを分析する必要がある。

他者が主張する推定値（例：無作為に選んだ十数人の推定値）の根拠に関する情報が与えられると、平均値の結果は極端に悪くなる。なぜなら、賢明な群衆は「情報カスケード」という罠に嵌るからだ。つまり、ごく一部の人の考えが大勢の人々に影響をおよぼすため、平均値による判断の質が著しく損なわれるのだ。

たとえば、ある人の雄牛の重さの見積もりがわかれば、私は自身の見積もりを引っ込め、見積もりのために正確な情報を持っていると思われるその人の見積もりに倣《なら》う。今度は私の見積もりを聞いて別の人たちもこれに倣う……。ようするに、このような場合では一人の意見が通る。だが、その人の能力がどのようなものであれ、その人の意見はその他大勢の一つに過ぎないのだ。

もし、意見を自由に表明することができたのなら、平均値の利用によって誤りを補正できたはずだ。だが、その人の意見は専門知識に基づいているのだから、他の意見を聞く必要はないという判断が優先される。ところが、大勢の意見には、さまざまな視点が含有されているのだ。

経済学者アビジット・V・バナジーが「ハーディング現象（周りへの同調や追随行動）」という論文で

示したように、孤立した個人がもっともらしいと思われる意見に同調することは不合理ではない。だが、そうした過程で異なる意見を述べる雰囲気が失われるのなら、それは共同体にとって大きな情報損失になる。

カーネマンらはこうした結果を裏づける実例を数多く報告している。彼らは陪審員の審議結果を分析し、陪審員がしばしば予想よりもはるかに厳しい判断を示す傾向があることを示した。陪審員のなかで最も雄弁な人物が審議を支配し、公平な判断につながるかもしれないちょっとした相違は封殺されてしまうのだ。[注28] 集団のメンバーが互いの意見に耳を傾けるとき、まだ意見を決めていない者は、「空気を読む美徳」によって、支配的な意見と思われるものに従う。

なぜソーシャル・ネットワークが当初の期待を裏切る結果になったのかを、これ以上探る必要はないだろう。

信念と情報

公の議論の質が悪化したもう一つの要因は、ジャーナリストの減少だ。アメリカでは一九八〇年代以降、ジャーナリストの数は半減した。その結果、提供される情報の質は著しく低下した。ソーシャル・ネットワークとの競争を常に強いられ、ジャーナリストという職業の在り方は次第に変化した。

新たなデジタル世界では「ニュース」はすぐに廃れ、次々と新たなニュースが押し寄せる。何事もすぐに陳腐化するようになり、ジャーナリズムの在り方は根本的に変化した。注目を集め、自分たちの狙い通りの情報カスケードを引き起こす「スクープ」を探すことのほうが、日々の出来事のなかで忘れ去られる恐れのある情報を苦労して見つけるよりも、はるかに面白い仕事になった。たとえば、ジャーナリストにとり、国会に提出された予算案を詳細に分析するよりも、予算案全体を糾弾して自身の分析に注目を集める際立った事実を見つけることのほうが魅力的だ。

経済学者ジュリア・カジェ〔一九八四―〕が示したように、メディアの数は増加したにもかかわらず、矛盾したことに、受け手の情報の質は劣化した。[‡29] 競争が激化した結果、すべてのメディアの質が低下した。メディア全体としては情報量が増えたとしても、利用者が個別に消費する情報量は減った。たとえば、カジェはフランスの地方紙の研究から、ある地域に新たなメディアが出現すると、その地域の投票率が低下することを突き止めた。カジェによる常識を覆す明快な結論は次の通りだ。「支援すべきはメディアではない。メディアを支援すれば競争圧力が増すだけだ。そうではなく、メディアの上流にある通信社を支援することによって情報の質を高めるべきだ」。

ところが、ソーシャル・ネットワークは、通常の意味における情報にはまったく興味を持たない。ソーシャル・ネットワークがネット上で生み出すのは、利用者の感性に訴えかける信念だ。情報と信念の違いは、二人の経済学者ローラン・ベナボウ〔一九五八―〕とジャン・ティロール〔一九五三―〕が強調した重要な点である。[‡30] 彼らの分析結果は「よくわからないから他人の意見に従う」とは異なる。

彼らが研究した多くの事例からは、極端なケースや慎重さを要する状況であっても、人々は自分が表明した考えを本当に信じていたことがわかった。たとえばサブプライム危機時、多くの投資家はバブルの頂点で自宅を購入した。彼らは、ブームが続くと本当に信じていたのだ。

信念は、世界を解釈するためでなく信念に従って生きるために役立つ。たとえば、サンタクロースを信じることで幸福感を覚えるが、サンタクロースが存在しないのなら悲嘆にくれてしまうだろう人物がいたとしよう。この場合、この人物は、サンタクロースは存在しないという悪いニュースをできる限り追い払うはずだ。[‡31]

人間はよいニュースと悪いニュースを完全に同等には扱わない。たとえば、アマチュアの投資家は、株価が上昇しているときは自身の金融資産の価値を確認するが、株価が下落しているときは確認したがらない……。都合の悪い情報からは逃げようとするのだ。

これは適切な情報がないために他者を模倣するという付和雷同のメカニズムとは大きく異なる。このような場合では、自分の人生を台無しにするような情報を意図的に自己の視界から消し去る。ある特定の分野（例：ユーモア、美しさ）において、自分はどの位置にいると思うかと尋ねると、大多数が上位二五％ないし上位五〇％と回答する。定義上、半数の人が属する下位五〇％ないし下位二五％と答える者は皆無だ。[‡32] 誰もが自信を持ち、自分は魅力的であり、美しさ、知性、ユーモアの面で高く評価されていると思いたいのだ。

宝くじを買い、保険に加入する

純粋に合理的な世界では、信念は反証可能なはずだ。たとえば、晴れるだろうと思っても、天気予報をチェックし、寒くなると知ってコートを着て外出する。また、地球が温暖化していると知り、行動を起こすべきだと決意する……。しかし、物事はこのようには進まない。

もし共和党の熱心な支持者が、地球温暖化は深刻な危機だという報告書を読んでも、その人物は意見を変えない。報告書の内容に異議を唱え、この報告書は偏狭な環境団体から資金提供を受けた不真面目なものだと自身を納得させる。地球温暖化を認めた共和党員は裏切り者であり、政治的亡命を余儀なくされる。‡33

コペルニクス〔一四七三―一五四三〕の地動説にともなう命がけの論争を思い起こせば、何が問題なのかがわかる。地球が太陽の周りを回っていることを認めるのは、それまでの思想体系を根本から見直すことも意味する。つまり、聖書や真理とされるものとの関係が揺らぐのだ。

アメリカのある研究の結論によると、ある意見が左翼系メディアによって取り上げられると、その意見は民主党的と見なされ、民主党支持者の間で広まる。そして共和党支持者はその意見に対して本能的な敵意を覚える。こうした構図は、意見が共和党から出たと見なされる場合でも同様だという。

この研究を行なった研究者が結論づけるように、当初は中道から出た意見であっても、すぐに対立する陣営間の壮絶な戦いの争点になることがある。

マルセル・プルーストはこの問題を次のように要約した。「事実がわれわれの信念の宿る世界に浸透することはない。また、事実によって信念が生みだされることもなかった。事実は信念を破壊するのではなく、信念を弱めることなく信念を覆すことができる。ある家族に不幸や病気が連続して起こっても、神の慈愛や医師の才能が疑われることはない」。

信念にはわれわれを啓発するのとはまったく別の機能がある。信念はわれわれの内面世界を充実させ、他者とともに暮らすのに役立つ。われわれはデパートの買い物客のように世の中の流行やデパートの提案に任せて自身の信念を選択する。

心理学者ロバート・アベルソン〔一九二八—二〇〇五〕の言葉を借りると、われわれの信念は、結実させて逆風から守らなければならない資産だ。経済学者ジョージ・レーヴェンシュタイン〔一九五五—〕は、信念のこうした特性を示すきわめて興味深い例を紹介している。

ケーキを今日あるいは一か月後に食べるという選択があるとしよう。消費は将来よりも現在のほうが望ましいので、今日食べることを選択するだろう。同様の想定として、一〇ユーロの罰金を今日中に支払わなければならないが、一か月後でもよいとなれば支払いを延期するだろう。では、次のような選択を迫られた場合を想像してほしい。電気ショック治療を受けるのを今日にするか、あるいは一か月後にするか。経済学の理論に従えば、誰もが延期を選択するはずだ。ところが、実際はしばしば逆の結果になる。[‡34] ほとんどの被験者は今日中に済ませたいと回答した。なぜなら、電気ショック治療にともなう苦痛を一か月にわたって想像したくないからだ。

こうした観点からは、他にも経済学のパラドックスが明らかになる。たとえば、なぜ人々は宝くじを買うと同時に保険に加入するのか。保険の加入はリスクを恐れることであり、宝くじの購入は逆にリスクを愛することだ。レーヴェンシュタインは、経済学者を悩ませてきたこのパラドックスを次のように解き明かした。われわれは、宝くじがもたらす輝かしい未来という夢と、保険が提供する不慮の事故から保護されているという安心感を同時に味わいたいのだ。

こうした選択は経済分析の規範と完全に矛盾するように見えるが、精神生活にも夢を追って悲しい思いを払拭するという厳格なルールがあるのだ。

自己あるいは世界に関する信念は「客観的な情報」ではなく、自分がこだわり、自身に喜びを与え、悪いニュース（残念ながら、サンタクロースは存在しない）から己を守りたいという善である。一方、現実はわれわれが目指す善ではなく、逆に、夢の実現を妨げる障害物だ。

ほぼ無限大のデジタル世界では、自分に見合った考えを見つけることができる。アメリカ同時多発テロはＣＩＡの仕業だと考える人物がいるとする。その人物はネット上に自分と同様の考えの持ち主を大勢見つることができる。その人物の思想は彼らによって支えられる。ネットは自分たちの欲望に見合った世界をつくり出してくれる。

これは習慣性の強い薬物がもたらす望みと少し似ている。すなわち、現代社会がもたらす絶望に対する対抗手段であり、その原因だ。

第二部

現実への回帰

第5章　社会的な想像力の産物

友達一五〇人の法則

黎明期のインターネットは、集団的知性の誕生、そして民主主義再生のプラットフォームの提供を約束した。ところが、ソーシャル・ネットワークは政治を堕落させ、社会的な孤独を癒すどころか悪化させた。どうしてこのような事態になったのか。

その答えはリベラルな幻想から生じた誤解に起因する。すなわち、孤立した個人に「コミュニケーション手段」を付与さえすれば、社会は、媒介、通過儀式、仲介機関なしで、孤立した個人を集合させることにより、自動的に確立されるという幻想だ。

ところが、あらゆる社会の歴史をつくってきたのは、教会、政党、宗派、企業などの組織制度による暮らしだ。これらの組織制度は個人の意識に浸透し、個人の相互作用が生み出すはずのネットワークを凌駕する手段を提供する。

これらの組織制度の役割を把握するには、人間の志向レベルをシェイクスピアの作品を用いて解説した人類学者ロビン・ダンバーの研究が大変参考になる。彼の研究からは、全員が誰とでも一対一で会話できる社会を模索するのはきわめて困難であるということが理解できる。

ダンバーの統計学的な観察は次の通りだ。生物種ごとの社会的つながりの密度と脳の容量との間には相関関係があるという。ヒヒ、マカク、チンパンジーなどの霊長類は、高度に発達した社会的な環境で暮らしており、大脳新皮質が大きい。なぜなら、脳は思考だけでなく社会生活の中核的な要因だからだ。ダーウィンの進化論を用いると、この相関関係は次のように説明できる。「自分たちよりも力強く俊敏に動く捕食者から逃れるために集団行動を必要とする生物種は、自然選択によって大きな脳を持つようになった」。

ダンバーは、志向も脳の容量とともに進化すると考える。彼の計算によると、二〇〇万年前のホモ・エレクトスは、脳の容量から推定すると第三志向まで達していたのではないかという。「私があなたのことを思っているとあなたが考えているのを、私は知っています」という文章を最初に思いついたのは、ホモ・エレクトスだったかもしれない。五〇万年前の旧人では第四志向まで達していたと思われる。そして三〇万年前に登場した新人が最終段階の第五志向に達し、文化や宗教を手に入れた。

脳の容量と霊長類の社会生活の密度とのつながりから類推すると、人間が管理できる共同体の大きさは、どの程度なのだろうか。この疑問に答える「ダンバーの法則」によると、人間が社会性を保てる最大の人数はなんと一五〇人だという。この法則に従う社会構造は数多く存在する。ローマ軍の基本単位である歩兵中隊の人数は一五〇人だった。[*1] 一〇八六年にウィリアム征服王が行なった土地台帳「ドームズデイ・ブック」によると、イギリスの村の人口はおよそ一五〇人であり、これは十八世紀でも同様だった。北米の二つの宗教団体であるフッター派（ノース・ダコタ州）とアーミッシュ（ペンシルベニア州。ハリソン・フォード主演の映画『刑事ジョン・ブック 目撃者』で有名になった）は、共同体の人口が一五〇人を超えると、共同体を分割する。ダンバーと同僚のラッセル・ヒルは、送ったクリスマス・カードの枚数を調査したところ、平均して一五〇枚だった。ビジネスの分野でも、ゴアテックスの創業者〔ウィルバート・ゴア〕は自社の各生産体制の最適規模は一五〇人だと主張してきた。学術界でも、一人の個人が業績を把握できる研究者の数は一〇〇人から二〇〇人と言われている。

では、「ダンバーの法則」はフェイスブックにも当てはまるのだろうか。ピュー研究所の調査によると、フェイスブック利用者の「友達」の数は平均して三三八人だという。だが、われわれの脳の心的能力がフェイスブックによって倍増したとは信じられない。名前だけ表示されている「友達」を除き、実際にコミュニケーションが成立している友達だけに限ると、友達の数はおそらく一五〇人程度だろう。もちろん、蟻塚のようなネットワークがインターネットによってつながる可能性もあるだろう。一五〇掛ける一五〇を何度か繰り返せば、あっという間に地球全土を網羅できる。

一九六〇年代、心理学者スタンレー・ミルグラム〔一九三三—八四〕は、個人Aが見知らぬ個人Bに情報を伝達するのに必要な仲介者の数を示す「隔たりの次元」という概念を確立した。ミルグラムは、カンザス州の農民たちにマサチューセッツ州の見ず知らずのある住民に手紙を送るよう依頼した。一例では、農民Aから手紙を託された牧師が、マサチューセッツ州ケンブリッジにいる同僚の牧師が個人Bと知り合いであることを突き止めたことにより、個人Aはこの二人の牧師を通じて個人Bに手紙を届けた。実験の結果、一般的に必要なコンタクトの数は六回に近いことがわかった。

同様の実験がフェイスブックを用いて行なわれた。それまでコンタクトのなかった二人のフェイスブック利用者が知り合いになるまでのコンタクトの回数は、平均しておよそ四回だった。[*2] よって、フェイスブックの功績は、人々をつなぐ際に二回のコンタクトを省略できることだろうか。フェイスブックのこうした利用は確かに便利だが、新たな社会を形成するには充分ではない。すべての文明史は、同盟と相互依存のシステムを発展させ、文化や宗教を糧にし、人間同士を結びつけてきた。

これこそがデジタル革命に欠落していることだ。

ボノボとチンパンジー

ラ・フォンテーヌ〔一六二一―九五〕が現代社会で暮らしていたなら、われわれの社会の可能性を照らし出すために「チンパンジーとボノボ」という寓話を執筆したに違いない。ボノボは愛を交わし、チンパンジーは戦う。ボノボは感情豊かで繊細であり、活発な性的活動を営む。これがボノボの平穏な暮らしの要因だ。ボノボと比べると、チンパンジーは攻撃的であり、チンパンジーの社会には緊張感が漂う。なぜこのような違いが生じたのだろうか。

生物学者アラン・プロシアンツによると、ボノボとチンパンジーのＤＮＡ塩基配列の違いはわずか〇・四％だという。ではなぜ、両者の社会的な性格はこれほどまでに異なるのか。プロシアンツは、経済が大きな役割を果たしているという人類学者エヴァン・マクリーンの説を紹介している。両者はコンゴ川を挟んで進化した。チンパンジーの生息地は食糧が希少だった。一方、ボノボの生息地は比較的恵まれた環境だった。マクリーンによると、ボノボがチンパンジーと比べて協調的かつ社交的な態度をとるのは、食糧が豊富だったからだという。反対に、チンパンジーには仲間と貸し借りしない。食べ物を見つけても、仲間と分け合うことはほとんどない。とくに雌のチンパンジーは個人主義であり、雌同士で群れをつくることがない。[注3]

われわれがボノボとチンパンジーの寓話に興味を抱く部分があるとすれば、豊かさは協調をさらに「自然」にし、欠乏は社会をさらに「競争的」にするということだろうか。

ヒッピー・ムーブメントや一九六八年の五月革命が豊かな社会で起きたのは、「戦争をしないで恋をしよう」というボノボ的な特徴の表われとも解釈できる。この論証に従うと、保守革命が不況期に起こったことにも納得がいく。だが、この論証の明らかな誤りは、先進諸国では一九六〇年代よりも一九八〇年代のほうが貧しかったわけではないことだ。それでもわれわれはこの寓話を間違っていると切り捨てるのではなく、状況をもう少し掘り下げて考察してみる必要がある。人間社会では、（ほとんど）すべてが相対的だ。少なくとも一定の生活水準を超えた社会にはこの理屈が当てはまる。豊かであるか貧しいかは、絶対的でなく他者や他者の期待との比較において決まる。

したがって、人間がボノボあるいはチンパンジーのように暮らすのかは、自身の社会的な存在条件に依存するのだろう。人間は暮らす社会によってボノボにもチンパンジーにもなれるということだ……。

信頼と相互性

経済学者はボノとチンパンジーの議論に大きな関心を抱く。というのは、この議論は経済学が抱える疑問のヒントになるからだ。人間は元来「協調的」であって、社会が人間を「競争的」にするのだろうか。あるいは逆に、ホッブスが説いたように人間は互いに狼であり、社会が人間を温和にするのだろうか。「フリーライダー」という概念を提唱した経済学者マンサー・オルソン〔一九三二―一九九八〕によると、集団の規模が大きくなり過ぎ、他者との関係が匿名性を帯びると、人間同士を結びつける愛情という絆は失われ、利己主義が台頭するという。しかしながら、公共財の研究でノーベル経済学賞を受賞したエリノア・オストロム〔一九三三―二〇一二〕によると、共同体において公共空間が尊重される理由は、共同体のメンバーが自発的に公共財を尊重するからだという。よって、国民に法律を遵守させるには、必ずしも罰金や懲役を科す必要はないと説く。

経済学者ニコラ・ジャクメ〔一九七八―〕らの文書からもわかるのは、脱税行為があるのは事実だが、一般の国民はきちんと納税しており、これは費用対効果の理屈では説明できないということだ。[＊4]

税務当局に摘発されるリスクを考慮しても、脱税による利得は粉飾するコストをはるかに上回る。少なくともほとんどの国民の納税態度は、「道徳」と、国民としての責任感によってしか説明がつかない。他者への配慮は、言語能力と同様に先天的なものであり、誰かを親切に扱うと報酬が得られるといった算盤に基づくものではない。これは多くの実験からも明らかになっている。[注5]

認知的不協和の提唱者である心理学者レオン・フェスティンガー〔一九一九―八九〕が説いたように、個人は集団のアイデンティティがないと自己概念を構築できない。集団を裏切るのは自分自身を裏切ることだ。

「最後通牒ゲーム」からは、信義の論理は自分と他者の関係に宿り、自己は自分自身によって定義されていることがわかる。このゲームでは、知り合いでなくこのゲームが終われば会うこともない人物Aと人物Bが、一〇ドルを分け合うように求められる。Aは自分の取り分を決めなければならない。自分の取り分をXとすれば、Bの取り分は10マイナスXになる。だが、BはAの決めた額を受け入れるか拒否するかを表明しなければならない。Bが拒否した場合、一〇ドルは消えてなくなる。Bが受け入れた場合、Aの提示した分配は実行される。Bが非常に計算高い人物なら、BはAがどんな額を提示したとしても、Aの決めた額を受け取るはずだ。なぜなら、Bの選択肢は「いくばくかのお金、あるいはゼロ」だからだ。Aが一ドルを提示し、残りの九ドルを自分のものにするとしても、Bは受け取るしかない。

だが、このゲームではそうはならない。あまりにも不利な分配の場合、Bはこれを屈辱と見なして受け取らない。Bを突き動かすのは、合理的な計算というよりも怒りと憤慨だ。

またこの実験からは、二人の間の雰囲気が分配に影響をおよぼすこともわかった。コメディ動画を見せられた二人の被験者が同じギャグで同時に笑うと、AはBを旧友のように寛大に接する。笑い、とくに集団での笑いには、見知らぬ人を友人に変えるという効果がある。

こうした実験からは相互性という概念も重要だとわかる。そして次に紹介する「トラスト・ゲーム」という「実験室」からはこの概念が浮き彫りになる。

二人の人物がそれぞれコンピュータの画面に向かう。実験開始時、「送り手（S）」の画面には五〇ドルの入金があったと表示される。Sはこの五〇ドルを持って帰ることができる。ただし、この場合、実験は終了する。だが、Sはもう一人の「受け手（R）」に全額あるいは一部を送金することもできる。この場合、Sの送金額は三倍になってRに届く。Rは三倍になって送られてきた金額を持って帰ることができる。この場合、実験は終了する。だが、Rも全額あるいは一部をSに送金することができる。この場合、実験は完全に終了する。

「合理的な経済人」がこのゲームに参加したなら、次のように考えるだろう。

もし、私が「自分のお金」を他者に送るなら、その人物は私の送った三倍の金額を受け取るだろうが、その人物にとってそれを私に送り返すことに、一体どんな利益があるのだろうか。その人物は私のことを知らないし、将来的に私と会うこともないだろう。その人物が合理的な考えの持ち主なら、私に親切にする理由などまったくない……。よって、私は何も送らない。

では、この実験の実際の結果はどうなったのか。またしても「合理的な経済人」の行動とは反対である。ほとんどの被験者は最初に受け取った金額の一部を送金し、三分の二の場合では返金があった。利己的な観点からするとまったく無駄なのに、なぜ送金するのだろうか。従来の経済学に基づく論証ではこの問いに答えられない。[‡6] 心理学者や哲学者は、利他主義と個人主義の中間に位置する概念である相互性を説く。[‡7] 信頼されたのなら信頼を持って応じる、寛容には寛容によって対応する、というのが相互性の精神だ。[‡8]

「最後通牒ゲーム」と同様、「トラスト・ゲーム」でも被験者の気分が協調関係に影響をおよぼす。被験者にオキシトシンという幸福感をもたらす分子を投与すると、相互性の精神は高まる。「幸福感」が高まると、人間は分かち合うようになる。ところが、機嫌がよいと批判的な精神が眠ってしまうという意外な効果もある。心理学者ゴードン・ペニークックの研究チームは、意味のない文章に対する人々の反応を調査した。[‡9] たとえば、次のような難解そうな文章を被験者に提示した。「全体が無限の現象を鎮める」「隠された意味が不均衡で抽象的な美しさを変形する」。このような文章を理解したふりをするのが「でたらめ受容性《ブルシット》」だ。[‡10] 気分がよいと「でたらめ受容性」は高まる。

気分がもたらすもう一つの意外な効果は、人々の道徳観を変えることだ。ロボットに道徳を教えるという先述の「トロッコ問題」を例に挙げると、五分間の動画を観てポジティブな気分になった被験者は、五人の死を回避するために一人の隣人を線路に突き落とす選択をする確率が三倍も高まったという。

見知らぬ人たちとともに

経済学者ポール・シーブライト（一九五八―）は『見知らぬ人とともに』において、人間には見知らぬ人であっても信頼するという驚くべき傾向があると論じている。[‡11] 人間以外の生物種（例：トゲウオ、コウモリ、ライオン）も血縁のない同生物種と協力し合うが、非常に限られた場面においてだけだ。サメとブリモドキのように、異なる生物種間で互いを必要とする場合もあるが、これは意思疎通のない生物種間での生態的補完関係だ。見知らぬ人と相互的な関係を築こうとする人間の傾向は、社会生活の基盤だ。だが、これは必要条件だが十分条件ではない。適切な組織制度がなければ、相互性は麗しいことだけでなく永遠のいがみ合いにもなる。相互性は「お世話になったのでお返しをする」だけでなく、「裏切られたので復讐する」という流れも引き起こす……。

疑心暗鬼に陥った際、そこから抜け出すにはどうしたらよいのか。夫婦間でも喧嘩を止めて仲直りするのが難しいときがある。ポール・ワツラウィック（一九二一―二〇〇七）は『自分自身で己を不幸にする』という痛快な本のなかで、「君のつくる朝食は嫌いだけど、君のことは好きだ」というような機転を利かせないと、夫婦は奈落の底に落ちる恐れがあると述べる。互いを本当に理解し合うには、言語に関する言語、つまり「メタ言語」が必要だという。たとえば、自分が話題にしているのは朝食のことであって自分たちの愛情関係についてではないと相手にわからせるために

「オートミールの味が奇妙だ」と語りかけてはどうかと示唆している。

シチリア島やアルバニアでは、度重なる復讐によって大勢の命が失われた。‡12 復讐の連鎖を断ち切るには、個人が従属する組織制度に（マックス・ヴェーバー〔一八六四―一九二〇〕の表現を借りると）「正当な物理的暴力の独占」を付与する必要がある。相互性だけで社会秩序を生み出すことができると考えるのは、強制力だけで社会を維持できるという、これと逆の考えと同様に幻想だ。

利害関係だけでは社会は成り立たない。儲けることだけが目的のまったく信義のない人物が相手の場合、騙されるのではないかという疑いが常に頭をよぎり、安心して取引できないはずだ。飛行機に乗る際、乗客は、航空会社は会社の利益を考慮して安全対策を行なっているのではなく、パイロットという職業団体があり、そこには伝統があり、信義によってパイロットの高度な道徳心が保証されていると信じたいはずだ。マフィアに世の中の管理を任せるわけにはいかないが、マフィアにだって規範がある。

組織制度に「帰属する」

航空会社やマフィアなど人の集まる組織制度は、経済学者が「各自は即時および事後の利益のために行動する」と説く「契約の束〔単なる契約の集まり〕」以上の存在だ。ＡＩの開発に貢献し、一九七八年にノーベル経済学賞を受賞したハーバート・サイモン〔一九一六―二〇〇一〕は、この

「契約の束」という見方を厳しく批判した。彼によると、会社は社員の人生に意義を付す場であり、社員が蒙る苦しみを賃金によって報いる場ではないという。‡13

二人の社会学者ジャック・ラグロワ〔一九三六―〕とミシェル・オフェルレは共著『社会学と組織制度』の序文において、個人が「組織制度に帰属する」方法は千差万別であり、会社であれ、労働組合であれ、政党であれ、組織制度の思考法に同調することだと強調する。文化人類学者メアリー・ダグラス〔一九二一―二〇〇七〕によると、組織制度はメンバーに「思考の類型を提供し、彼らの自己意識とアイデンティティを確立する」という。社会学者ブルデュー〔一九三〇―二〇〇二〕も組織制度としての儀式の重要性を指摘する。「儀式には人を変化させるという、きわめて現実的で象徴的な効果がある」。哲学者フーコー〔一九二六―八四〕はさらに踏み踏み込んで次のように解説する。「人間を標準化し、人間に特定のアイデンティティを植えつけ、人間に《義務感をもたらす》のは、組織制度の《規律という力》だ」。

しかしながら、社会学者アーヴィング・ゴッフマン〔一九二二―八二〕は、組織制度の役割をあまり硬直的に解釈してはならないと注意を促す。収容所のような極端なケースであっても、「個人は組織制度から距離を置くことができる」。つまり、組織制度に対する同化と対立との中間的な立場に立つこともできる」。ゴッフマンは、「組織制度の目的をあまりにも熱心に遂行する人物」は組織制度にとって迷惑、さらには危険な存在だと説く。たとえば、あまりにも熱心な警察官、細かいことにこだわり過ぎる役人、厳しすぎる大学の管理課の職員は、自分では組織制度に尽力していると思っていても役に立っていない。ゴッフマンは、組織制度とこれに帰属する人物との微妙な関係を主張する。

経済学者アルバート・ハーシュマン〔一九一五―二〇一二〕も指摘したように、組織制度のメンバーには集団生活に参加する際にいくつかの選択肢がある。ハーシュマンはこれを「離脱」「発言」「忠誠」の三つに分類した。組織制度を離れることができるのが「離脱」だ。（異議を唱えることによって）改革しようとするのが「発言」だ。不満を述べずに組織制度のルールに従うのが「忠誠」だ。

前出のラグロワとオフェルレが監修した著書のなかで、ヤン・レゾン・デュ・クルージウ〔一九七八―〕は、一九六八年の五月革命時にカトリック修道会「ドミニク会」にはこれら三つが同時に発生し、その基盤が揺るいだと詳述している。五月革命の影響から、一部の若い信者は新たな時代に適応するための改革を要求した（発言）。一方、物事の秩序を重んじる年配の信者はそうした若い信者の要求に応じようとしなかった（忠誠）。また、一部の者たちは別の修道会に移る、あるいは宗教団体から離れた（離脱）。

経済学者ローラン・ベナボウは、一部の社会集団には集団の信条と個人の計算との間に緊張が宿っていると指摘する。[‡14] ベナボウが分析した多くの事例では、集団を離れる選択である「離脱」が重要な役割を担っていた。「離脱」できない伝統的な共同体では、穏やかに過ごす唯一の方法は「忠誠」だ。同様に、自分がタイタニック号の船員なら、船長は優秀だと考えたほうがよい。船長の能力を疑えば、船長の指示に従うことが難しくなり、自分の使命を果たせなくなる。また、参入コストが高いと、組織制度に対する「忠誠」が高まる。海兵隊員であれ、官僚であれ、入るのに多大な努力を要したのなら、入る前の自身の価値観よりもその組織制度の価値観に従おうとするだろう。そうでなければ自身の生活の最良の年月を無駄に過ごしたと後悔することになる。[‡15] しかし、たとえば夫婦や会社などの組織制度から簡単に抜け出せるのなら、意見は表明しやすくなり（発言）、組織制度から離れやすくなる（離脱）。[‡16]

組織制度への帰属という縛りがどのようなものであれ、人類の文明を分析するには、道徳的な影響、宗教的そして世俗的な信念、社会を統制する制裁メカニズムなどが複雑に絡み合う論理を把握する必要がある。経済学者ポール・シーブライトが総括するように、組織制度の重要な点は、「わずかな制御によって社会を組織できること」だ。

では、デジタル革命は組織制度に対してどんな役割を担うのだろうか。

四つの社会

人類史という壮大なスケールから見て、デジタル世界とは何か。これを探るには社会における人々の結合の在り方を振り返ってみる必要がある。

二つの軸が考えられる。まず、個人の相互作用という観点からは、階級的な原則に従う垂直的な社会と、平等的な原則に従う水平的な社会が考えられる。次に、社会の想像力の観点からは、神の摂理に従う宗教的な社会と、科学に従う世俗的な社会が考えられる。

こうして、①平等主義的／宗教的、②階級的／宗教的、③階級的／世俗的、④平等主義的／世俗的という四つの組み合わせが可能になる。④の平等主義的／世俗的こそデジタル革命が難産の末に生み出そうとしている社会だ。今日求められている「文明」の独創性と困難を把握するには、残り三つのタイプの社会が、歴史においてどう展開してきたのかを振り返ってみる必要がある。

狩猟採集民

当初、狩猟採集民の社会は水平的かつ宗教的だった。彼らの社会性は、いくつかの同心円の集団によって形成されていた。最大の集団は子供を含めて五〇〇人から二五〇〇人の部族だった。次に、三〇人から五〇人程度からなる大家族があった。これら二つの円の間には氏族レベルの社会関係を調整する組織制度があり、これが狩猟地や成人式などの宗教行事を管理し、社会的団結を具現していた。大きくなり過ぎたために分裂して誕生する氏族は、独自の道を歩んだ。初期の人類が移動したのは天然資源や獲物を追ってのことだが、自分たちの政治組織が維持できなくなることを恐れたからでもあったに違いない。

しかしながら、直接的な人間関係を持てるのは一五〇人までだとするダンバーの法則が社会形成に完全に当てはまるのなら、われわれの祖先は集団をまとめる政治力を発揮できなかったはずだ。人類学者デヴィッド・グレーバー〔一九六一—二〇二〇〕と考古学者デヴィッド・ウェングロー〔一九七二—〕は共著のなかで、すべての原始社会は平等主義的な形態だったという通説に異議を唱えている。[*17] 実際に、狩猟採集民の社会には、水平だけでなく垂直のモデルも存在した。敵の部族を襲撃した際に拉致した奴隷を保有する、戦う貴族が支配する狩猟採集民社会は数多くあった。事実、五万年前から一万五〇〇〇年前までの後期旧石器時代の遺跡からは、王族の墓、大きな建造物、石造りの神殿、マンモスの骨でつくった調度品などが多数見つかっており、人類初期の社会が平等主義に基づく小さな集団だったという説には疑問符がつく。グレーバーとウェングローは、パロ・アルト学派の創始者である人類学者グレゴリー・ベイトソン〔一九〇四—八〇〕の研究にヒントを得て、こうした多様な状況を把握しようとした。ベイトソンは互いに対立して自己を定義するという人間社会の特異性を表現するために「分裂生成」という概念を提唱した（ルネ・ジラール〔一九二三—二〇一五〕のミメーシス《擬態》と逆の形式）。その典型例はアテネとスパルタの対立だ。つまり、海戦に対して陸戦、豊かな国際性に対して外国人嫌い、民主主義に対して寡頭政治だ。

　こうした対立は、北米の太平洋岸においてもほぼ同じ条件で存在した。南西部の社会は純然たる平等主義モデルだった。一方、現在のバンクーバー周辺に相当する北西部の社会は、奴隷制を敷く貴族が支配していた。北西部社会の状況をまったく知らなかった南西部の「カリフォルニアの集団」は、北西部の主食だった鮭の漁獲量は少なかったが、どんぐりや松の実を食べながら穏やかに暮らしていた。

興味深いのは、季節の移り変わりに応じて社会モデルが変化することだ。一九四四年にクロード・レヴィ＝ストロースが執筆したナンビクワラ族〔ブラジル西部マト・グロッソ州のサバンナで暮らす小さな先住民部族〕に関する論文によると、狩猟の季節である乾季では、この部族社会はスパルタ式の軍事体制だった。戦いの指導者たちは「戦闘時にしか許されない独裁体制」を敷いて人々を統治していた。しかし、雨季が訪れ、「快適さと豊穣」が戻ると、この部族社会の様相は一変した。戦いの指導者たちが命令を下すことはなくなった。戦いの指導者たちは、狩猟の季節に得た名声によって一部の信奉者の厚情を得るだけだった。

季節によって社会的な関係が変化するという、こうした例はたくさんある。社会の象徴となるような豪華な建造物は、季節労働者を強権的に集めて建てられたと推測できる。社会学者マルセル・モース〔一八七二―一九五〇〕と人類学者アンリ・ブシャ〔一八七八―一九一四〕も『エスキモー社会――その季節的変異に関する社会形態学的研究』〔宮本卓也訳、未來社、一九八一年〕のなかで、同様の見方を提示している。

アメリカの平原インディアンにも、季節による逆転現象が確認できる。ヨーロッパ人の到以降、彼らは農耕生活を捨てて再び遊牧民になり、ヨーロッパ人の野営地から逃げ出した馬を飼い慣らしていた。バッファロー狩りの季節になると、シャイアン族とラコタ族は結束して大集団をつくった。この集団は拘束力の強い社会であり、掟に従わない者は体罰に処せられるか投獄された。しかし、狩猟の季節が過ぎると、状況は一変する。十一月に氏族型から国家型へと移行した後、春には再び平等モデルに戻った……。このような社会生活の季節感は、今では影が薄くなったとはいえ、いまだにわれわれの生活の一部だ。というのも「大型連休」の時期には、季節の移り変わりとともに生活を変えたいという強い思いが込められているからだ。

農耕社会

考古学の研究によると、中東の肥沃な三日月地帯で農業が始まったのは、およそ一万二〇〇〇年前だという。一般的には、農業によって定住化が始まったと考えられている。

ところが、考古学者ジャック・コーヴァン〔一九三〇―二〇〇一〕は、これとは逆の可能性も考えられると主張する。[‡18] たしかに、野原に種を蒔《ま》けば数か月後に開花するということに気づいたのは、すでに定住化していた社会だったと考えるのが妥当だろう。農業の開始により、人口は急増した。狩猟採集民社会の女性の合計特殊出生率は、移動をともなう生活という理由から比較的低かったが、農耕社会の人口は指数関数的に増加した。

人口の急増は呪いになった。「マルサスの法則」が容赦なく作用したのだ。つまり、急増する人口が農業の生み出す余剰を奪い取り、豊穣が飢餓に変わったのだ。農業革命は食糧事情を改善せず、人口を増加させた。これは量が質を凌駕するという、人間の個々の行動の結果を集団で理解する必要を示す基本的かつ象徴的な例だ。

現生人類が冒険を始めたおよそ三〇万年前、人口はおよそ数十万人、多く見積もっても百万人だった。最初の急変は紀元前四万年前から三万五〇〇〇年前に起こった。人口は四〇〇〜五〇〇万人に達した。一万年前に人類は農業の発明とともに新たな軌道を歩み始めた。中東にいくつかの大文明が出現すると、人口は一〇〇〇万人を超えた。そしてこれらの文明が消滅した紀元前一〇〇〇年ごろ、人口はおよそ一億人になった。その後、キリスト時代には二億五〇〇〇万人、一八〇〇年には一〇億人、一九三〇年には二〇億人、現在では八〇億人、二〇五〇年にはおそらく一〇〇億人に達しているだろう。[‡19] 過去八〇〇〇年間、世界人口が倍増するペースは、千年ごと、百年ごと、そして五十年ごとになった。

農業の始まりとともに、社会は高まり続ける人口密度によって、心理的、政治的な均衡の限界に常に追いやられながらも、ダンバーの法則に基づく限界を打ち破ってきた。では、どのような社会的メカニズムによって急増する人口を吸収できたのだろうか。

解決策の一つは階層型モデルだ。これは農業が始まる以前から選択肢の一つだったが、社会的関係の構築において、すぐに一般的な形態になった。

政治学者ハーバート・サイモンはその理由を明快に説明している。平均的な氏族の大きさを一五〇人と仮定し、この一五〇人がそれぞれ一五〇人の部下を指揮し、その部下も同様に一五〇人の部下を配下に置くように繰り返すと、莫大な人口を迅速に管理できる。一五〇人（ダンバーの法則が示唆する数字）を指揮する層が下に六つ連なれば、なんと七六〇億人の社会を形成することができる。大聖堂のような社会を構築できるのは、よくも悪くも階層社会が人類にもたらした大きな飛躍だ。

われわれ現代人は、およそ一万年間続いたこうした農耕社会の秩序から抜け出そうとしている。農耕社会が構築した階層性は単なる組織管理術ではなく、人々の物事の考え方にも刷り込まれている。その最たる例が男女の関係だ。農耕社会以前では、女性の地位にはある程度の多様性が確認できた。女性は必ずしも不利な立場に置かれているのではなかった。[‡20] ところが、農業が登場し、男女の関係は大きく変化した。男性は野外で、女性は屋内で働くという新たな社会的規範が確立した。農耕社会では、女性の労働価値は下がり、女性は子供を産む役割に閉じ込められるようになった。

宗教の長い死

狩猟採集民社会から農耕社会への移行は、宗教観の激変をともなった。グレーバーとウェングローと同様、社会学者イヴ・ランベール〔一九四六―二〇〇六〕は過度に単純な宗教史観に警鐘を鳴らしている。[‡21] シャーマニズムのように社会の変化に適応した宗教もたくさんあった。前出のジャック・コーヴァンも宗教的な慣行を変化させたのは農業だという考えに対し、因果関係の取り違えの可能性もあると述べている。というのは、宗教的な慣行は農耕社会へと移行する以前に変化したからだという。[‡22] どのような経緯であったにせよ、狩猟採集民社会から農耕社会への移行は決定的な出来事だった。

ランベールは、農耕社会以前の平等主義で小規模な社会のモデルとして、人口密度の低い指導者のいないシベリアの遊牧型狩猟社会を詳細に調査した。ランベールによると、このような社会ではすべてが「自然の摂理に従い、人間と動物の間での生命力の交換が行なわれている」という。動物と人間は同等に扱われていた。つまり、動物は人間と同じように魂と生命力を持ち、氏族のメンバーと見なされていた。狩猟は、シャーマンを仲介する相互交換と考えられていた。「人間はシャーマンを通じて動物の霊と交渉した後に獲物を得る。一方、獲物となる動物は人間の生命力を奪う。すなわち、病気、老い、死が、獲物の代償になる」。

こうしたシャーマニズム信仰は、イヌイット、ピグミー、ブッシュマン、オーストラリアのアボリジニに見られる。これらの社会にとって、家畜を食用にすることは考えられない。食用にできるのは狩猟による獲物だけだ。彼らの宗教には、祈りや生贄という概念はない。人類学者アラン・テスタール〔一九四五―〕は、これらの社会に人間や神々に対する階層的つながりはないと考える。「人間は、他の社会では神と呼ばれる階級よりも劣った存在でもなければ、神への捧げものとして命を奪うことが正当化される、依存的で力のない階級よりも優れているのでもない」。これは平等的でありながらも宗教的な社会の典型例であり、先述の①平等主義的／宗教的に該当する。

畜産と農業への移行はこうした信仰を根底から覆した。この移行により、人間は動物に対してそれまでにない優越感を抱くようになった。人間の敬意は、自分たちの世界を構築してくれた祖先に向けられるようになった。シャーマニズムの社会では「生命力」が衰えたとして老人を躊躇《ためらい》なく見捨てたのに対し、農耕社会では年長者への崇拝を自分たちの価値観の頂点に据えた。社会は狩猟の能力ではなく指導者の年齢によって階級づけられるようになった。農夫は天に向かって雨と穏やかな天候を求めた。農耕社会では、狩猟採集民社会にはない祈りと生贄が登場した。

このような宗教意識は、エジプト、メソポタミア、インダス川とガンジス川の流域、太平洋沿岸のアンデス山脈地帯に古代文明が登場すると、国家が宗教を管理するようになった。宗教は農耕民族の口承型から多神教の国家型になり、大きな神殿が建てられ、複雑な典礼が登場した。

歴史家ジャン・ボッテロ（一九一四―二〇〇七）は、「社会は階層化するにつれて、社会のイメージも階層化させる」[＊23]と記している。すなわち、先述の②階級的／宗教的への移行だ。動物を生贄とするようになり、料理は神々に捧げられた後、神官の食卓に上った。神官という階級は特別であり、しばしば世襲制だった。文章を記すことも神官の権力強化に寄与した。神官の「国営化」により、公認の宗教と大衆の宗教との間に溝が生じた。皇帝と一部の高官たちだけに不老不死を約束して皇帝を崇める公認の宗教は、祖先崇拝に基づく口承型の形態を残す大衆の宗教と一線を画すようになった。

哲学者カール・ヤスパース（一八八三―一九六九）によると、宗教世界の新たな変化は、紀元前六〇〇年から紀元前二〇〇年までの短期間に起こったという。宗教は新たな体制になり、この体制では個人の倫理がかつてない役割を持つようになったと説く。これは、中国の孔子や老子、インドの仏陀、イランのゾロアスター、イスラエルの預言者たち、ギリシアのホメロスやソクラテスなどが提唱したモデルだ。宇宙、社会秩序、人間の幸福の間に存在していた統一感は歪んだ。

ヤスパースによると、このとき人類は自分自身に目覚めたという。人間社会は祖先や神々から受け継いだものではなく、人間が自分自身に定める倫理的な規範によって定義されるようになった。ありのままの本性を受け入れるのではなく、自己の能力に独自の存在基準を付与することが人間の幸福になった。

これらすべての宗教には、旧勢力が揺らいだ混乱期に誕生したという共通点がある。孔子が登場したのは、周が滅びて地方の諸侯が争いを繰り返すという、いわゆる戦国時代だった。孔子が新たな倫理観を打ち立てたのは秩序回復のためだった。それは、家庭のよき父親から特権階級の無秩序な暴力を断念させる正しい君主にまで至る、よき人間になるための倫理観だった。イスラエルの預言者たちは神殿の崩壊とバビロン捕囚による大混乱のなかで聖書の編纂を始めた。[‡24] ギリシア発展の奇跡は、ペルシア帝国の脅威にさらされた都市国家間の壊滅的な戦争を背景にして生じた。宗教は文明が滅びる恐れがあることに留意し、国家とのつながりを見直した。仏教の僧侶やユダヤ教の神学校の学生は、十全たる人間としての新たな生き方を模索した。彼らは、現代の個人主義の到来を告げる人類学者ルイ・デュモン〔一九一一―一九八〕の言う「世俗外個人」の先駆けだった。

今日、これらの宗教は哲学的だと言われるが、これらの宗教にも神が宿っていたことには変わりがない。永遠の生命というファラオや皇帝だけとの約束を民主化したのは救済の宗教だった。これらの宗教は帝国の衰退期に生じたにもかかわらず、ローマではキリスト教、中国では儒教というように、奇妙なことに帝国という野望を復活させた。しかしながら、果実には虫が潜んでいた。

宗教と政治は完全に同調することがなくなったのだ。

ローマ帝国の衰退とともに、教会と貴族という二つの権力と価値観が、魂の統治をめぐって争った。前者は、人間は神の前では平等だと説教し、後者は正反対のことを説いた。

社会学者フィリップ・ディリバルヌ〔一九三七―〕も指摘するように、この矛盾はとくにフランスでは顕著だった。この矛盾を解決するには、教会では全員が平等な存在だが、教会から一歩外に出ると平等でなくなるという、極度の偽善を必要とした。十五世紀から始まった近代化によって変化したのが、こうした封建社会の二面性だった。

われわれが今日も暮らしている社会の到来を告げたのが、この近代化という変化だ。

世俗の時代

教会の価値観は、デカルトやガリレオ〔一五六四―一六四二〕の科学革命によって揺らいだ。ガリレオは神の作品を読み解くには、ラテン語の代わりに数学を用いればよいと説いた。精神分析家ピエール・ルジャンドルの言葉を借りると、キリスト教は「地球は神の筆跡」という考えを西洋に伝播した。人間は疑いと実存的な孤独に悩まされながらも虚空に独りで立ち向かう勇敢な存在だという、近代化の表明であるデカルトのコギト〔デカルト哲学の第一原理である「われ思うゆえにわれあり」〕は、こうした宗教的なプシュケ〔精神面から人間を見たときの人間の生命原理である魂〕の論理的帰結だった。

哲学者チャールズ・テイラー〔一九三一—〕は、彼の言うところの「世俗の時代」が近代によっていかにして生み出されたかを明快に叙述している。現在も続くこの新たな時代においても、宗教は消滅せず、生き方の選択肢の一つになった。‡25

絶対主義国家の登場も、貴族的な価値観を根底から変質させた。貴族的な秩序の解体は、支配階級の権力闘争の過程において奇妙な道筋を辿った。

王政変革のおもな課題は、封建的な貴族をうまく管理することだった。貴族は宮廷社会に取り込まれ、勇敢な戦士から王権に仕える下僕になった。貴族は戦う代わりに、カスティリオーネの『宮廷人』〔清水純一ほか訳、東海大学出版会、一九八七年〕を読んで、ますます厳しくなる社会規範を遵守する術を学ばなければならなかった。社会学者ノルベルト・エリアス〔一八九七—一九九〇〕が指摘するように、宮廷は生活慣習と私生活を根本的に変革する場になった。激高、暴力、恨みは、きちんと自己管理しなければならなかった。テーブルクロスで洟《はな》をかんだり、公衆の面前で排泄したりするのは次第に無作法と見なされるようになった。王であっても宮仕えの者たちが周りにいる場合は、「室内用便器」で用を足すのは見苦しい行為と見なされるようになった。貴族は洗練された立ち振る舞いによっても台頭するブルジョワ階級と差別化を図ったが、ブルジョワ階級もすぐに貴族の真似をした。たとえば、モリエール〔一六二二—七三〕の『町人貴族』に登場するジュルダンだ。

しかし結局は、マルクスの言うようにブルジョワ階級が「氷のようにつめたい利己的な打算の水のなかで騎士道精神を溺死させた」。経済学者アルバート・ハーシュマンの古典的名著は、十七世紀の劇作家コルネイユ〔一六〇〇―八四〕が人生における唯一の意義だと説いた愛が、なぜ別の情熱に道を譲るようになったのかを解き明かした。その情熱とは「強欲」であり、現代で呼ぶところの「利益」だ。

ブルジョワ精神の台頭は、ヒロイズムから利益追求への移行と解釈できる。もっとも、利益追求はヒロイズムと同様に強い情熱だが、利益を追求する者たちは、利益追求は秩序と安定をもたらす美徳だと主張した。利益追求という強欲は「代償となる情熱」であり、他の情熱を抑制すると説いた。スピノザが「打ち消すべき感情は、それよりも強い反対の感情によってのみ妨げる、あるいは抑制することができる」と記したとき、彼はこの変化を予見していたのだろう。ブルジョワ的な道徳の観点から見て、利益追求は予測可能という利点があった。経済学の祖アダム・スミス〔一七二三―九〇〕が「パン屋の善意でなく彼らの自己利益に依存するほうがよい」と説いたのも、この議論に触発されたからだ。

しかしながら、国民全体に対する社会統制は、市場理論を説く者が示唆したよりもはるかに厳しかった。前出の哲学者チャールズ・テイラーが哲学者ミシェル・フーコーの著作に言及するように、近代になって、軽犯罪者、精神異常者、貧者を公共空間から追い出すという新たな規律が登場した。慈悲はそれまで無条件に付与されていたが、貧者が慈悲を得るにはそれに見合う労働が必要になった。謝肉祭に代表される無礼講は次第に禁じられるようになった。「礼儀」の社会的重要性を説いた著者の一人エラスムスは、一五〇三年以降、謝肉祭は古代異教の産物であり、キリスト教の精神に反すると非難した。というのは、謝肉祭の間は、女性は男装する、子供は大人に命令する、召使は主人を働かせる、祖先は死から蘇る、王は王位を剝奪されるなど、何でもありだったからだ。

ミシェル・フーコーは、『狂気の歴史』(一九六一年)、『臨床医学の誕生』(一九六三年)、『監獄の誕生』(一九七五年)などの著作を通じて、強度の差はあれ、「規律社会」という理想とされた新たな組織の特徴を丹念に叙述した。たとえば、フーコーは『監獄の誕生』において思想家ベンサムのパノプティコンという監獄の構想を紹介している。功利主義の創始者ベンサムは、監視塔を中心に据えて独房を円状に配置し、一か所からすべての独房の囚人を見渡すことのできるのが理想の監獄だと説いた。この例からもわかるように、エリート層が自己に課す自制心という道徳遵守の背後には、中央権力が社会の下層に課す厳しい規範があった。

工業化社会のメンタリティ

こうした価値観の崩壊のさなかに、われわれが直接の相続人となる世界が誕生した。そして現在、デジタル革命がこの世界を揺るがしている。

十八世紀全体を通じて、啓蒙主義は神の摂理を世俗的な言葉に翻訳し、これを進歩という新たな約束に刻み込もうとした。啓蒙主義は政治にも主権という概念を持ち込み、これを王から大衆へと移し替えた。哲学者デイヴィッド・ヒューム（一七一一―七六）の友人であり彼の継承者だったアダム・スミスを通じて、自然という概念は市場機能にも持ち込まれた。スミスは「自然価格」を理論化した。自然科学の法則と同様、市場価格は主権者であっても服従せざるをえない法則に従って「自然価格」に「引き寄せられる」。このような思想は十九世紀到来をにらむ世俗的思考の中核だった。

ところが、産業革命は庶民を管理するための規律モデルも受け継いだ。工場、学校、病院は、監視下に置かれる集団生活の場になった。もちろん、工場や学校は十九世紀以前に発明されたのであり、小さな工場は大昔から存在した（例：古代の奴隷による作業場、コルベールの陶器工場）。しかし、産業革命以前の労働は「資本主義の原型モデル」と呼ばれるように農村部で行われていた。当時の資本家は、原料を家庭に供給し、完成したモノを出来高払いで買い取るだけだった。十九世紀の工業化された社会では、関係者を閉じた空間に囲い込むという新たな様相を呈した。

アメリカの社会学者ロナルド・イングルハートは、啓蒙主義の自由になるという願望と、服従を強いられる経済社会の現実との矛盾を見事に解説している。[‡26] イングルハートによると、産業革命は啓蒙主義の精神を裏切ったという。農耕社会から工業社会への激変は、とくに宗教的秩序から世俗的秩序への移行を意味した。人々は神でなく理性を信じるようになった。神官に代わって技術者が登場した。そうはいっても、この変化は依然として高度に階層的な社会という概念に宿っていた。

社長から技術者、職長、労働者へと至る命令は、王から男爵、男爵から農民へと至る命令と同様に厳格だった。権威の持ち主は宗教界から世俗界になったが、啓蒙主義の自由になるという理想は打ち砕かれた。誰もが以前と同様に不平等な秩序のなかで固定された場に縛り付けられた。工業社会が確立したのは、③階級的／世俗的という社会だった。

先進国の社会が引き合いに出すユマニストな特徴が開花するのは、脱工業化経済への移行があってこそだ。個人のやりがいを中核に据える社会の基礎となる要素は自己表現だ。教育の普及により、誰もが主体的に思考する知的手段を持てるようになった。福祉制度により、子供と親の物質的な依存関係は断ち切られた。さまざまな機能を持つ共同体が誕生した。教育、都市化、民主化、女性の地位向上などは、自主独立した人々が暮らす寛容な社会の実現に寄与した。脱工業化社会は、旧来の農村社会の秩序から解放された自律した個人からなる社会という、啓蒙主義の理想復活を後押しした。

一九六〇年代に表明された批判（フランスでは「一九六八年の五月革命」）の標的は、階層的な社会秩序だった。工場、家庭、学校などにおいて、社会は階層的だという概念は許容されなくなった。社会学者ダニエル・ベル〔一九一九―二〇一一〕によると、こうした異議自体が、彼の言うところの「資本主義の文化的な矛盾」の産物だという。つまり、資本主義は、秩序と禁欲の理想が宿る生産の領域と、洗練された魅力とセックスをイメージさせて快楽主義的な生き方に誘う消費、マーケティング、広告の領域との間で、絶えず緊張感にさらされている。前者は服従、後者は放蕩を促す。

ベルによると、こうした「資本主義の文化的な矛盾」は、「計算と秩序」という要求と、ファウスト的な富に対する無限の欲望との間で引き裂かれたブルジョワ階級の内的緊張から受け継いだものだという。ブルジョワ階級は、自分たちの基本的価値観である所有権と権力が依存する道徳的な秩序と、生産と消費の過程を絶えず変革することによって自分たち自身で生み出す経済的な無秩序を調和させようとした。だが、これら二つの側面が共存できなくなるときが訪れた。それが一九六〇年代の文化革命だった。自由と自律を求める若者が自分たちに託された世界に反旗を翻したのだ。

しかしながら、一九七〇年代の経済危機は、異議を唱えた者たちに冷水を浴びせかけた。これは彼らの敵が言うところの「現実への回帰」だった。約束だった平等な社会が訪れる代わりに、経済危機によってレーガンとサッチャーによる保守主義革命が促進された。これはマネーという価値が神格化されたことを意味した。一九八〇年代から始まったこの時代は、競合する孤立した主体は市場だけを仲介役として相互作用しながら巨大な株主社会を形成するという、自由主義に基づく幻想によって育まれた。

経済学者ミルトン・フリードマン〔一九一二―二〇〇六〕の思想が勝利した時代だった。フリードマンは社会的な器としての会社という考えを否定し、経営者の使命は株主だけに尽くすことだと説いた。[27]

ノーベル経済学賞を受賞したオリヴァー・ウィリアムソン〔一九三二―二〇二〇〕は『市場と企業組織』〔浅沼万里ほか訳、日本評論社、一九八〇年〕において当時の選択肢の内容を明示している。すなわち、服従が掟の「組織」という世界、あるいは顧客と市場に完全に依存しながらも「一国一城の主」でいられるという市場に支配される世界だ。フリードマンとウィリアムソンにとって、三つめの選択肢はなかったようだ。

デジタル革命が新自由主義を確立するための手段を提供しているのは明らかだ。というのも、デジタル革命により、サービス提供者の競争は激化し、企業は外部委託や下請けの活用による新たな組織を構築できるようになったからだ。

しかし、デジタル革命は、六〇年代から七〇年代にかけてのリバタリアンの道徳観と、オープンスペース、フリーアクセス、フラットな社会構造を推進する情報工学との出会いも受け継いでいた。デジタル世界の先駆者たちが登場したのは、ベトナム戦争とブルジョワ階級の道徳に強烈に反対していたアメリカの大学のキャンパスからだ。情報科学革命はそれまでの社会階層から抜け出す手段を全員に提供すると謳いながら、そうしたカウンターカルチャーを援用した。

この遺産が新たな社会とそのソーシャル・ネットワークを、無意識のうちに人類史上前例のない実験に導いている。すなわち、自分だけを信じ、超越的で権限のない平等社会の構築だ。

この新たな社会は、人類の文明において未踏の大陸を発見した。それが最後のモデルである、④平等主義的／世俗的な社会だ。

そうはいっても、この希望を実現させる方法は、なんと工業社会が構築した包摂型社会の解体だった。

族内婚の勝利

一九九〇年代初頭、哲学者ジル・ドゥルーズ〔一九二五―九五〕は「管理社会について」という先見性に富んだ論文において、「規律社会の終わり」という激変の到来を告げた。ドゥルーズによると、規律社会は彼が呼ぶところの「管理社会」に取って代わられるという。ドゥルーズの慧眼は後に経済学者ショシャナ・ズボフの語る『監視資本主義――人類の未来を賭けた闘い』を完全に先取りしていた。規律社会では、個人は、家庭、学校、兵舎、工場、ときには病院、場合によっては監獄というように、閉じた環境を渡り歩く。一方、新たな社会では、すべてが組織制度の外側で行なわれる。

管理社会になると、軽犯罪に対する「代替刑」の模索とGPS足輪の利用により、囚人は監獄の外に出る。学校教育では生涯教育の推進により、人々は永久に学生でいられるようになる。病院では「医師も患者もいない」新たな医療体制が確立される……。労働界では企業が工場に取って代わる。そして「企業には魂があるというが、これほど恐ろしい知らせはない」……。「これらのちょっとした例からは、新たな支配体制の漸進的かつ分散的な確立、つまり、組織制度の危機が意味することをよりよく理解できる」とドゥルーズは付言した。

「魂を持つ企業」という例は、一九八〇年代になってからの精神性の変化を見事に表現している。現代社会において、企業は社会的アイデンティティ構築の結節点だ。二十世紀初頭のフォーディズムの発明は、あの時代の想像力を大きく変質させた。労働組合が勝利できたのは、そうした想像力から生み出された密接な人間関係を持つ工業界においてであった。

一九八〇年代に確立されたこの新たな体制では、社会的つながりの解体が断行された。大勢の労働者が暮らす団地が売却されたのは、労働組合の勢力を削ぐためだった。[28] エンジニアと高学歴者はデザイン会社、未熟練者は清掃サービス会社というように、組織制度は社会階層ごとに構築され、新たな組織制度に社会階層間の「有機的な結びつき」はなくなった。

アメリカの格差拡大に関する研究によると、過去三〇年間の著しい格差拡大はそうした過程と密接なつながりがあるという。[29] 貧富の所得格差は十九世紀の水準に戻り、二十世紀に実現した驚異的な格差縮小は数十年で無に帰した一方で、企業内の賃金格差には大きな変化はなかった。

著しい格差が生じたのは、デザイン会社と清掃サービス会社というように、企業間においてであった。かつて技術者と清掃員は同じ会社に帰属し、彼らの給与体系は同じだったため、前者の賃金が上昇すると、後者の賃金もほぼ自動的に上昇した。ところが、会社の事業内容の個別化が進むと、富は分配されなくなった。

一九八〇年代初めにレーガンとサッチャーが宣言した富の「浸透」は、こうした社会階層間断絶の組織化によって科学的に妨げられた。

部族内で暮らす

世の中は変わろうとしていた。企業は社内の社会層をできる限り均質にすることによって現代の社会的想像力の育成に大きく寄与した。企業は水平的な社会という期待に応えた。社内ではファーストネームで呼び合うようになったが、これは社内というごく限られた集団内での話だ。また、企業は魂を持つようになったが、それは均質な社会層が働く企業間においての話だ。たしかに、企業間には相互性と信頼が存在した。だが、自分とは異なる社会層に対しては、あたかも存在しないかのように何の配慮もなかった。

このような社会を叙述するためにしばしば用いられるのが「同類性」という言葉だ。この言葉は一九五四年に、二人の著名な社会学者であるポール・ラザースフェルド〔一九〇一―七六〕とロバート・マートン〔一九四四―〕が、社会集団は集団ごとに孤立する傾向があることを言い表わすために用いられた。彼らの分析によると、宗教、年齢、職業、教育レベルなどの社会学的な観点から考察すると、こうした傾向は、友人、隣人、スポーツクラブなどの集団に確認できるという。

しかし、「同類性」という概念には注意が必要だ。この言葉からは、各社会層は仲間内だけで過ごしたいという印象を受ける。だが、各集団は社会隔離によって孤立しているのだ。貧困層が都市部のゲットーに固まって暮らしているのは、彼らだけで過ごしたいからではなく他に選択肢がないからだろう。富裕層の子弟の通う学校のクラスメイトの社会的境遇が似通っているのは、親の社会的な戦略だ。

経済学者ピエール＝アンドレ・チアッポーリ〔一九五五―〕の研究が示すように、親は子供の教育を重視するようになったため、カップルの「マッチング」が進んでいる。[*30] 高学歴の女性は子供の学業成功率を最大化するために高学歴の男性と結婚する。中程度の学歴の女性は自分と同じ程度の学歴の男性と結婚するしかなく、このメカニズムは無学歴の者まで続く。「社会的族内婚」という言葉は、「同類性」よりもこのプロセスをより如実に叙述している。

各社会層が自分たちのゲットーに閉じこもる傾向は昔からあった。ただ、気がかりなのはそうした傾向が加速したことだ。一九七〇年、アメリカ人の三人に二人は「中流階級」の地域で暮らしていた。二〇〇九年、地域の平均収入が全国平均に近いところで暮らしているアメリカ人は五人に二人以下になった。人々の猜疑心が高まっているのは、ソーシャル・ネットワークの発展とは関係なく、社会的隔離が進行している土壌においてである。

二人の経済学者であるアルベルト・アレジーナ〔一九五七―二〇二〇〕とカティア・ズラヴスカヤ〔一九七二―〕がさまざまな国における民族的な対立を研究したところ、他者や公的機関に対する猜疑心は、社会的隔離によって強まることがわかった。二人の著者は、研究の対象国をその社会状況に応じて次の二つに区分した。一つめのタイプは、民族的多様性が国全体に均等に分布している国だ。これらの国の各地域では、たとえば、「青民族」と「赤民族」の人口が同じ割合で存在している。

二つめのタイプは、地域的な差異が顕著な国だ。これらの国の特定の地域では「青民族」と「赤民族」がそれぞれ密集して暮らしている。彼らの研究によると、集団間の猜疑心は、社会的隔離が明瞭な二つめのタイプのほうがはるかに強いという。これらの国では誰もが敵対意識を抱き、内戦に至る恐れさえある。政党は支持者を得るために、しばしばこうした火に油を注ぐ。

二人の経済学者であるバナジーとパンディの研究によると、インドの政治家の質が低い原因の一つは、民族に基づく投票の結果だという。こうした傾向は、利益誘導政策を優遇し、腐敗が蔓延するといったように、公共機関の質の低下も招く。[‡31]

現代社会の大いなるパラドックスを要約すると次のようになる。

部族同士で固まって暮らすようになった社会では、一九六〇年に模索した水平的な社会という約束は、部族内という狭い範囲で果たされている。こうして、社会的格差は一気に拡大する一方で、異なる社会層を結びつけるという、かつて工業界の大企業が行なっていたような仕組みは一切なくなった。

精神面では、社会がゲットー化すると他者に対する猜疑心が蔓延するという悪循環が生じている。ソーシャル・ネットワークは、この悪循環を生み出した直接的な原因ではない。この悪循環は、ソーシャル・ネットワークが登場する以前から生じていた巨大な力によるものだ。とはいえ、ソーシャル・ネットワークはコミュニケーションの架け橋になるどころか、人々の猜疑心を煽り、異なる集団間のコミュニケーションをほぼ不能にした。

ポストモダンの精神性

こうした社会の崩壊により、新たな精神性が生まれた。新部族主義ともいえる部族文化だ。「ポストモダン」を説く『部族の時代』の著者である社会学者ミシェル・マフェゾリ〔一九四四―〕は、部族文化を強く訴える。「個人は、部族の自己、本性の自己、宗教感情の自己というように、より大きな自己を探し求める」。幼児のときから割り当てられるアイデンティティである「男か女かというアイデンティティはもう通用しない。また、生涯にわたって職業訓練を受けることになるので、職業というアイデンティティも通用しない。こうして人間の機能面から見たアイデンティティの狭間には、政治や知性などに関するイデオロギー的なアイデンティティが組み入れられる」[‡32]。

工業社会から受け継いだ表象には（工業社会自体も農耕社会から多くの要素を受け継いでいる）、狩猟採集民の部族主義にまで遡る精神性が育まれているのだろうか。安易な比較は慎むべきだが、こうした挑発的な図式は、出現しつつあるデジタル世界にも当てはまる。

ポストモダン理論は、一九七九年に出版された哲学者ジャン＝フランソワ・リオタール〔一九二四―一九九八〕の『ポスト・モダンの条件』〔小林康夫訳、水声社、一九八九年〕によって広く知られるようになった。

リオタールはこの著書のなかで、フランス革命、ドイツ観念論、脱植民地、性解放など、人間が「自身の解放の英雄」として活躍するという、近代を支えた偉大な神話が枯渇した時代が現代だと解釈した。

ポストモダンの精神性は、近代を構築した「大きな物語」の廃墟において育まれる。英雄が真実を探す時代は、疑い深さに追いやられた。言語、科学、政治、文化は多様だという考えから、普遍主義は姿を消し、言説は一様ではないという認識が定まった。

では、真実を説く正当性はどこに存在するのか。哲学者ユルゲン・ハーバーマス（一九二九―）が考えるように、話し合いにおいてだろうか。だが、話し合いでは、問題は解決するという想定がある。すなわち、真実の受け手と送り手は良識的に話し合って意見を一致させるという前提がある。では、たとえば医学の発達など、科学はどうか。それも違う。というのは、科学においても知識そのものが商品化される傾向にあるからだ。つまり、知識は目的ではなくなり、生産過程における要因でしかない。リオタールによると、「メタ議論」という多様性を認めるしかないという。

思想家フレドリック・ジェイムソンはこうしたテーマを取り上げ、ポストモダニズムを「後期資本主義の精神[注33]」と解釈した。消費するモノにあふる社会では、モノの美を追求するしかない。消費の炎を維持するには、よりエレガントで風変わりな自動車やテレビをつくる必要がある。新たなモノを手に入れることが進歩だという「壮大な時代」を懐かしむ気持ちに代わり、生産よりも広告に力を入れる資本主義が台頭した。

ジェイムソンによると、資本主義が物質的なモノから離れて個人や集団の幻想を生み出すときがポストモダンな瞬間だという。現代人は実際に体験するコストを支払うことなくオルタナティブな社会のシミュレーションを楽しんでいる。すでに著述家ギー・ドゥボール〔一九三一―九四〕は『スペクタクルの社会』〔木下誠訳、筑摩書房、二〇〇三年〕において、ポストモダニズムでは「真実は嘘の要素になる」と語っていた。すべてがつくりものになった世界では、未曾有の大惨事でさえ「お飾り的な要素」として示される。‡34

文化が自然（例：森林、河川）や人間の本性を打ち負かした瞬間がポストモダンという状況だと解釈するジェイムソンは、モダニズムには「古いもの、過去の時代のもの、古風なもの」が残る領域があったと説く。つまり、歴史的にまったく異なる時代のさまざまな現実が共存し続ける時代が近代という状況だ。そこには、大工場がひしめくなかで生き残る職人の姿や、近代的な工場に隣接する農民たちの畑があった。たとえば、作家カフカ〔一八八三―一九二四〕は、近代と過ぎ去った帝国の官僚との断絶を描写した。ポストモダンの時代では、そうした古風な残存物は一掃される。

懐古主義称賛

このポストモダンな精神性を具体化したのがデジタル社会だという結論は否定しがたい。新部族主義によるポスト真実〔客観的事実といえる情報よりも感情に訴えかける情報のほうが強く世論を動かしていくような情勢・

世の流れ〕という世界の出現により、全員が「メタ言説」に勤しむことになった。これこそがソーシャル・ネットワークで起こっていることだ。

また、近代からの脱却には大きな懸念がある。部族主義社会に陥ることなく水平的な人間関係の構築という脱工業化社会の夢を維持するには、どうすればよいのか。社会の遠心力に抗うためになすべき最初の一歩は、社会的団結の源だった労働組合、政党、企業などを、「古風な形態」として拙速に捨て去らないことだろう。

これらの組織制度の役割を維持および再定義するために、なすべきことはたくさんある。課題は膨大にあるが、方向性ははっきりしている。それは一九八〇年代に培われた考えとは正反対だ。これらの考えを列挙すると次のようになる。

企業は共同生活の場だ。企業を制御するには労働組合が必要不可欠だ。「ギグ・エコノミー」は労働者の権利を守るべきだ。[‡35] 民主的な暮らしには政党が必要だ。真実には識者が必要だ。

これらの考えはまだ充分に認知されていない。

デジタル技術によって可能になる機器についても考察すべきだろう。そもそも現代の管理社会は、個人ではなく企業に対して威力を発揮すべきだ。[‡36]

一つの方法として、企業を環境と社会の両面から格づけし、たとえばＡＡＡの格づけを得た企業でなければ公共事業に入札できないといった仕組みをつくるのはどうだろうか。ＡＡＡの格づけを得るには、下請け企業も同じ基準を満たさなければならない。下請けや孫請けというように、企業の重層下請け構造全体が同じ基準を満たす必要があるのだ。このような仕組みなら、外部不経済という問題の解決の一助になるはずだ。このとき、デジタル社会は威力を発揮し、社会的な団結は強まる。

企業内だけで活動してきた労働組合は、社会のさまざまな階層を結束させることによって生まれ変わるべきだ。というのは、新たな包摂型社会モデルを生み出す手段を見出すには、社会集団、企業、地域を取り巻く新たな社会地理学を理解する必要があるからだ。

同様のアイデアは、ポスト真実の抑制にも利用可能だろう。フェイク・ニュースを排除するには、報道機関に情報サイトを認証する権限を付与する。たとえば、扱う情報の質に応じて情報サイトをA、B、Cというように格づけする。そのために各サイトの利用者が即座に通報できる仕組みをつくる。

デジタル・ハラスメントから個人を保護する方法も検討する必要がある。サイトの責任者は、公開する内容に責任を持たなければならない（例：憎悪や殺人の呼びかけ）。ネット上の「消去権（忘れられる権利）」という個人の権利も認めるべきだろう。法的に議論の余地がない場合、この権利によってネット上の個人の名誉を保護する。

政治制度についても考察すべきだ。社会学者ミシェル・オフェルレによると、フランス大統領選はインターネットに振り回されるようになり、五年ごとにたった一人の人物に白紙委任状を渡す民主主義という、実に息苦しいものになってしまったという。だが、イギリス議会制度はより堅牢だ。

イギリスの二大政党は議案を練り上げる際、各政党内で過半数を得なければならないからだ。大統領制の不備はフランス特有の問題だが、政治制度の欠陥はすべての民主国家が抱える問題だ。

選挙民は、社会だけでなく政治にも水平な関係を要求する。だが、選挙民がデジタル技術によって得たのは、意見を述べる手段であって、意見を聞いてもらう手段ではない。

ジル・マントレ〔一九七六─〕が指摘するように「知識や文化へのアクセスなど、あらゆるものが民主化された。ただし、民主主義そのものへのアクセスはその限りでない」[‡37]。彼の提唱する措置は、「ブロックチェーンなどの信頼性と機密性の高い手段を活用して投票率を引き上げれば、悪循環を断ち切ることができる」というものだ。彼によると、政治的な議論を活性化させるためにあらゆる仕組みを模索すべきだという。たとえば、「国連気候変動枠組条約締約国会議（COP）」などの地球規模の議論では非政府組織（NGO）がリアルタイムで協議でき、地域的な議論では一般市民が都市計画について話し合うことができるという仕組みの構築だ。

しかしながら、難しいのは電子投票の導入だけでなく、争点を個別に扱ってもよいのだろうかという問題だ。たとえば、移民、環境、ヨーロッパに関する問題は、個別の投票で対応すべきなのか。だが、民主主義は、投票という民主主義固有の手続きだけでなく一般的な政治を説く討議の場だ。だからこそ、議会や政党は過去の産物ではなく、今も大きな役割を担っているのだ。

もちろん、議会や政党の討論の在り方を見直す必要はあるだろう。イギリスでは一〇万件の署名を確保した請願は、イギリス議会で討議される。こうした方式はネットによる署名活動を利用すれば広く普及するだろう。自分の声を直接届けたいという市民の願いが叶うとともに、行政は整合性の取れた公共事業を実施できるようになる。

どのような措置を講じるにせよ、デジタル社会のパラドックスは明白だ。デジタル社会では、開かれた議論という欲求を生み出すことはできても、相反する考えをまとめ上げることはできない。水平的で世俗的な社会という願いは叶うが、各社階層はそれぞれの巣に閉じこもってしまう。政党や労働組合などの仲介団体がこのまま消滅してしまうと、デジタル社会は包摂型社会ではなくなる。デジタル機器が本当に社会の役に立つには、社会の水平性と団結という二つの要件を両立させなければならない。

ポストモダンな状況では過去のことになったと思われていた「自然」に対する配慮がまったく予期せぬ形でよみがえり、政治も混乱している。現在、環境と公衆衛生に関する深刻な災いが次々と起こっている。社会の現実を理解するという内在的な課題において、デジタル社会はその想像力とはかけ離れた責任を甘受しなければならない。すなわち、地球環境の保護だ。

第6章　冬来る

二十一世紀の危機

コロナ危機が頂点に達していた二〇二〇年の春、パリ中心部にあるコメディ・フランセーズでは鴨、チリの首都サンティアゴではジャガー、ボンベイ〔ムンバイ〕では象の歩き回る姿が目撃された。パリ、ニューヨーク、ロンドン、ミラノは静まり返った。フランス国立統計経済研究所（INSEE）は二〇二〇年四月の様子を、「麻酔をかけられた生物のように、経済は心臓を動かしているだけ」とコメントした。この危機により、われわれはウィル・スミス主演の映画『アイ・アム・レジェンド』やチャールトン・ヘストン主演の映画『地球最後の男オメガマン』の世界にどっぷりと浸かった（双方の映画とも、主人公は人類を滅ぼした公衆衛生上の危機から唯一生き残った人物）。

この危機は、ポストモダンの精神に甚大なショックを与えた。すなわち、人類が「本当に」生きている世界にも、伝染病や戦争といった世界が存在するのだという驚愕だ。新型コロナウィルスは、近代社会では公で語られることのなくなった生、死、他者への配慮といった実存に関する不安を蔓延させた。それは情報プログラムの誤りや銀行の破綻といった「技術的な危機」を解決するのとはわけが違った。

社会学者マルセル・モースの言葉を借りると、それは「全体的社会事実」であり、社会全体の団結力が試され、過去の危機とは根本的に異なる対応を強いられた。危機を語る口調は変化しつづけた。戦争経済、次に連帯経済が語られた。公共空間の在り方は大きく揺さぶられた。国は職場と家庭（例：学級閉鎖の決定）を指導しなければならなかった。一回目のロックダウン直後、国は、家庭、企業、医療従事者など、すべての関係者と一丸となって危機管理に臨まなければならないことが明らかになった。この危機は、社会を維持する絆の強さを計測するための実験でもあった。ウィルスに対するレジリエンスは、人々が政府や科学界などの公的機関に寄せる信頼と密接に結びついていた。[‡1] 個人の他者に対する水平方向の信頼感と、国民の公的機関に対する垂直方向の信頼感が、それぞれきわめて重要な役割を果たした。水平方向の信頼感が強ければ強いほど、法的な禁止事項は少なくなる。その証拠に、個人間の信頼感の強さが世界でトップクラスのスウェーデンでは、公的規制は最小限だった。水平方向の信頼感が低いフランスでの一回目のロックダウンは、スウェーデンとは対称的な理由から比較的うまく推移した。その理由とは、フランス国民は政府が同胞の公徳心の低さから自分たちを守ってくれると期待したのだ。

ロックダウンにより、社会を維持しているのは人々のつながりであることが再確認された。すなわち、職場で同僚に会い、カフェで友人と語り合い、学校でクラスメイトと交流するといった日常生活だ。自宅に閉じこもることによって自己のアイデンティティを形成するための多様な経験を奪われるという危険性を、誰もが痛感した。[‡2]

元の生活に戻りたいという願いとは裏腹に、ロックダウン以降、テレワークの継続を望む声は多い。危機の最中に導入された「ズーム」や「チームス」などのビデオ会議は、今後も利用されつづけるだろう。

経済学者ポール・クルーグマン〔一九五三―〕が語ったように、多くの労働者はコロナ危機によって自身の境遇を熟考する機会を得た。「テレワークで仕事をこなせた人々は、通勤がいかに苦痛だったかを思い知った。ホテルやレストランで働いていた人々は強制的に数か月間の休みを取らされ、自分たちがどれほど辛い仕事に就いていたのかを痛感した」。大勢の人々が危機前に就いていた仕事に戻らないと決意した。こうしてアメリカではコロナ危機による「大量離職」が発生した。

テレワークによって自由が得られると考えている人々もいる。テレワークを利用すれば会社勤めにともなうこれまでの制約を排除して暮らせるというわけだ。デジタル社会の誘惑は魅力的である。

また、ウィルスをめぐり、中国とアメリカという今日の二大勢力は静かに対立した。一回目のロックダウンの際、アジア諸国の「儒教的な価値観」である公衆衛生上の制約を遵守する国民の態度は、効果的とされた「検査‐隔離‐追跡」システムを導入できなかった西洋諸国の羨望の念をかき立てた。「ポスト真実」の旗振り役であるトランプ率いるアメリカは深刻な死亡率を記録したが、ワクチンの開発により、東洋と西洋の形勢は逆転した。

中国の「ゼロコロナ政策」には莫大の費用が発生した。上海では日々の食料を入手するだけでも困難を極めた。自宅待機を余儀なくされた人々が激しく抗議したにもかかわらず、厳格な都市封鎖が断行された。中国での最悪のデジタル・ディストピアは、外出禁止を遵守させるためにロボット犬が導入されたことだ。

トランプのアメリカは、自分たちがつくり出した混乱をワクチンによって解消させた。孔子よりもシュンペーター〔一八八三—一九五〇〕、つまり、イノベーションという価値観が優ったのである。

反ワクチン運動

しかしながら、西洋諸国は自陣に反ワクチン運動という敵を抱えた。コロナ危機が発生する以前から、彼らはフェイク・ニュースによって育まれた独自の世界を構築していた。たとえば、子供が自閉症になる原因は混合ワクチン〔麻疹、おたふく風邪、風疹〕だという説を信じていた。科学界はこの説を完全に否定し、これを立証したと主張する科学論文の著者は、イギリスで医師免許を剝奪され、医療行為を禁じられた。それでもソーシャル・ネットワークには、そうしたフェイク・ニュースが広く出回った。

自身の幻想によってどこまで現実を否定できるのだろうか。ポスト真実の世界では、コロナ危機によって現実の行動原理が赤裸々に試された。注射を怖がる若者、国が規制するという行為自体を否定するトランプ信奉者、自己の身体に神秘的な考えを持つプロテニス選手ノバク・ジョコビッチなど、ワクチン接種を拒否する理由はさまざまだった。だが、最も激しく反対したのはトランプ信奉者であり、彼らは政治的な主張としてワクチン接種に反対した。

二〇二一年初頭、バイデン大統領の就任にともない、アメリカはワクチン接種計画を他国に先駆けて開始したが、最終的には他の先進国に後れを取った。その原因はアメリカ社会の二極化にある。フランスに関する研究によると、（年齢や人口密度なども考慮すると）ワクチン接種率が最低だった自治体では投票率も最低だった。ワクチン接種の拒否は、都市での暮らしを放棄することだとも解釈できる。

フランスでは、コロナ危機の第一段階で科学界の信頼が失墜した。[*3] 拡大する危機に明快な見解を示そうとしない専門家は無能と見なされ、彼らの発言は軽んじられた。[*4] 二〇二一年初頭に行なわれた調査では、ワクチン接種を希望しないフランス人は国民全体の四五％だった。この時点ではアメリカと同程度だった。しかしながら、フランスはとくに二〇二一年七月の「衛生パス」の導入以降、ワクチン接種率を大幅に引き上げることに成功した。

ところが、経済学者マティアス・ドゥワトリポン（一九五九―）は、裁判所が「衛生パス」の導入を棄却したスペインでもワクチン接種率は大幅に上昇したと指摘している。[*5] ワクチン接種のヨーロッパ諸国の優等生はポルトガルであり、イタリアはフランスと同程度だった。

一方、公的秩序を重んじることで定評のあるドイツとオランダは、ワクチン接種率で南欧諸国に長期間にわたって後れを取った。南欧諸国の場合、最初の感染拡大で精神的ショックを負ったことがワクチン接種推進のおもな原動力になった。これは危機脱出に選択肢があるのなら、現実が人々の意識に影響をおよぼすという例だ。

問題は、迫りくる気候変動の対策を打ち出す際、こうした心理的な影響は、予防的にではなく危機に打ちのめされた後でないと生じないことだ。

大惨事の時代

「主よ、われらを戦争と飢饉と疫病から守り給え」という十四世紀の祈りの言葉は、奇妙なことに現代人の心に響く。現代版ペストである「コロナ危機」から抜け出そうとしていたとき、ヨーロッパ人はウクライナとともに戦争と飢餓（小麦、石油、天然ガス）に見舞われた。

中世では、十四世紀のペストの流行にともなう危機によって封建制が崩壊し、ルネサンス期の到来を促した。よって、「コロナ危機によって画期的なワクチンが発明される」「ウクライナでの戦争によって二十一世紀では戦争は無益だと証明される」というように、われわれは危機が歴史の歩みを加速させると考えたい。だが、そうした保証はまったくない。

ウクライナでの戦争は、目にしたくないと願っていたが、振り返ってみると不可避だったという大惨事の典型だ。戦争勃発の可能性そのものが否定されていたことからは、われわれは世界を理解しようとしていたのではなく、でっち上げようとしていたことがわかる。つまり、ヨーロッパ人が戦争は起こらないと信じていたのは、客観的な考察からではなく、自分たちの暮らす地域は居心地がよいと思いたかったからだ。

哲学者ジャン＝ピエール・デュピュイ〔一九四一―〕の著書『ありえないことが現実になるとき――賢明な破局論にむけて』〔桑田光平ほか訳、筑摩書房、二〇一二年〕を読むと、哲学者アンリ・ベルクソン〔一八五九―一九四一〕は第一次世界大戦についてまったく同じように語っていたことがわかる。ベルクソンは、第一次世界大戦を「起こりそうだが、起こるはずがない」と考えていた。この表現はウクライナ危機に見事に当てはまる。

国際社会の眼前で進行していた事態を誰も信じようとしなかった。国境沿いに大勢のロシア兵が集結しても、そのことには意味がなく、アメリカが警戒するのは勘違いだと考えていた。そして大惨事が勃発し、すべてが明白になった。戦争は起こりそうもないと説くために用いられていた理屈が、実際に戦争が起こると、戦争は不可避だったと説くために用いられた……。

しかしながら、この戦争は計画通りには運ばなかった。プーチン〔一九五二―〕はウクライナに侵攻してわれわれを驚愕させたが、ウクライナの人々も武器を捨てることなく勇気を振り絞ることによって国際社会がウクライナを支援するように仕向け、われわれを驚かせた。事態の流れを変化させたのはウクライナ国民の勇気という「砂粒」だった。

世界は大惨事に見舞われようとしているが、われわれはそれらを直視することを避けている。われわれにとってウクライナ国民が示した勇気は大きな教訓だ。

気候時計

二十一世紀には、気候変動という予測可能でありながらも制御できない大惨事が発生する。専門家がいくら警鐘を鳴らしても、社会は行動を起こさない。人々が気候変動の脅威を真剣に受け止めるには、猛暑の夏、大規模な山火事、氷山を探すシロクマの動画を、繰り返し嫌というほど体験する必要がある。というのは、人間は物事を「感じる」ことがなければ、大惨事に見舞われる寸前だというリスクを認識して行動を起こそうとしないからだ。

それまでの間、大気中の二酸化炭素濃度は水が浴槽を満たすように増えていく。二酸化炭素が排出された時期は、一〇〇年前だろうが一〇日前だろうが関係なく、気候にとって重要なのは、時間を経て蓄積された二酸化炭素の総量だ。排出された二酸化炭素の一部は森林と海洋が(少量)吸収するが、気候という浴槽は容赦なく満たされていく。いずれ浴槽から水があふれ出る時が訪れる。

「気候変動に関する政府間パネル(IPCC)」の予測を紹介する。大気という浴槽はすでに八五％満たされた。浴槽が満たされる勢いを比較すると、一九九〇年以降に排出された二酸化炭素の量（総量の四〇％）は、なんと一八五〇年から一九八九年までに排出された量とほぼ等しい。[＊6]ＩＰＣＣの二〇二二年四月の報告書によると、二〇二五年までに現在の排出傾向を反転させないと水槽から水があふれてしまうという。このままでは地球の平均気温は一・五度以上上昇する可能性が高い。毎年訪れる熱波、頻発する山火事や洪水、海面の上昇などからもわかるように、地球の平均気温は産業革命前よりも一・〇九度上昇している。[＊7]

　ＩＰＣＣは、温暖化が地球上の生物におよぼす脅威について警鐘を鳴らし続けている。砂漠化の進行、飲料水の不足、洪水の多発などの脅威に見舞われる恐れがある。温暖化の深刻な影響を受ける地域で暮らしている人口は三三億人から三六億人だ。生物種の半数以上は暑さから逃れるために北上するか高地へと移動する。このため、温暖なアフリカの高地などの地域では伝染病が増加する。

　ヨーロッパ南部も深刻な影響を受けるだろう。住民の三分の一以上は水不足に悩まされる。フランス南部では毎年三五度を超える猛暑日が二〇日から三〇日ほど続き、ヤブ蚊が急増する……。

　各国政府が宣言通りの対策を実行したとしても、地球の平均気温の上昇は今世紀末には二・八度に達する恐れがある。ＩＰＣＣは二〇二二年四月の報告書において大惨事を回避するための対策を列挙した。たとえば、再生可能エネルギーへの転換を目指すエネルギー・モデルの早急な変革、[＊8]野菜を中心とする食生活、鉄道の利用を促すといった移動手段の刷新、これらに応じた都市空間の見直しなどだ。

このような対策を実施するには、世界の格差に対する深い考察が必要になる。富裕層上位一〇％だけで世界の二酸化炭素の四〇％を排出しており、そのうちの三分の二は富裕国からの排出だ。一方、貧困層下位五〇％は一三％しか排出していない。たとえば、二酸化炭素の年間排出量は、アフガニスタン人は一トン、フランス人は一〇トン近くだ（他国で代わりに排出された量も含む）。

文明崩壊

なぜ、人間は行動に移せないのか。生態系の危機に直面すると、人間はこれを否定する、あるいは呆然となる。こうした態度を理解するには、ジャレド・ダイアモンド〔一九三七―〕の『文明の崩壊』〔楡井浩一訳、草思社、二〇一二年〕が参考になる。

好奇心旺盛な著者ダイアモンドは、生態系の危機に見舞われたイースター島、マヤ、バイキングなど、多くの文明が崩壊した過程を丹念に叙述している。崩壊したすべての文明は、内輪もめと自分たちの文明の欠陥を認めようとしない態度の餌食になった。

人気テレビドラマ・シリーズ『ゲーム・オブ・スローンズ』は、こうした未曾有の大惨事というリスクを見事に描いている。「冬来る」はさまざまなエピソードにおいて登場するカルトな表現だ。これから訪れる冬は四季の一つではなく、温暖化の逆である寒冷化を暗示するミニ氷河期だ。このシリーズでは、冬になると北部に住むホワイトウォーカーが目覚め、この氷の種族が王国を侵略しようとする。これはミニ氷河期の到来という脅威だ。イースター島の実話と同様、王位をめぐる対立から、戦争の指導者たちは迫りくるリスクを無視し、誰もが権力奪取に執着する。シリーズの主人公や悪者は次々と殺害され、ハッピーエンドの望みはない。主人公ジョン・スノウは、キリストの生まれ変わりのように、殺害された後に復活を果たして自身の「使命」を果たす。八年間続いたシリーズの最終回では、スノウは再び居住できるようになった北部へと旅立ち、そこで本当の自由を見出す。この物語からは悪の根源が何なのかがわかる。それは人間を危機の意識から遠ざける競争心だ。イースター島の住人たちが文明崩壊の恐れを自覚するには、自身を犠牲にするジョン・スノウのような人物を必要としたのだろう。

しかし、十字架の上から警鐘を鳴らすだけで文明崩壊は防げるのだろうか。こうした疑問の間隙に登場したのが崩壊学という新たな分野だ。

崩壊学

ベストセラーになった『崩壊学——人類が直面している脅威の実態』は、崩壊を理論的に解説する。[*9] この本は一九七二年にマサチューセッツ工科大学の研究チームがまとめた未来予測『成長の限界——ローマ・クラブ「人類の危機」レポート』のアップデート版だ。

出版直後に数か国語に翻訳された『成長の限界』は、再生不可能な資源の枯渇により、工業社会は大きな軌道修正を迫られると説いた。『成長の限界』は、人間が土壌、水資源、森林に与える負荷が高まっていることを広範囲に分析すべきだと提唱した。この著書が大きな反響を巻き起こしたおもな理由は、化石燃料の枯渇を予測したことだった。今から振り返ると、それは一九七〇年代の石油ショックの予兆だった。

しかしながら、今日になってわかるのは、問題は化石燃料の希少性ではなく、反対に多すぎることだ。地球の生態系を脅かしているのは化石燃料の過剰な利用だ。発見された石油がすべて使われるのなら、許容量の二五倍の二酸化炭素が大気中に排出されることになる。

そうはいっても、『崩壊学』の著者セルヴィーニュ〔一九七八―〕とスティーヴンスが述べるように、『成長の限界』のおもなメッセージは現在においても重要な意味を持つ。第一に、エネルギー消費量の急増だ。二十世紀の間に、世界のエネルギー消費量は一〇倍、工業用天然資源の採掘量は二七倍、建築資材の採掘量は三四倍になった。また、海面の上昇にともない、さまざまな災害が生じる。気候変動による難民が最も多く発生する恐れのある国の一つがバングラデシュだ。バングラデシュ南部の三分の一は水没するかもしれない。同様に、エジプト、ベトナム、西アフリカなどの巨大な三角州も水没の恐れがある。

現代社会は破滅に至る前に立ち止まることができるのだろうか。哲学者ジョルジュ・バタイユ〔一八九七―一九六二〕が『呪われた部分――有用性の限界』〔中山元訳、筑摩書房、二〇〇三年〕で述べたように、社会は常にその可能性の限界まで突き進む傾向がある。事実、崩壊を避けるために自己制御した文明はきわめて稀だ。ダイアモンドは太平洋に浮か小島ティコピアを例に挙げる。この島の住人は、森林の伐採を制限して三〇〇〇年間生き延びてきた。

セルヴィーニュとスティーヴンスは、古今東西の文明が生態系の危機を認めようとしなかった五つの原因を列挙している。そこにはなんとソーシャル・ネットワークによって刺激されるのと同じ感情的な力が働いている。

一つめの原因は、人間の思考回路はカーネマンの「システム1」を優先することにある〔第一章の「論証に関する人間の限界」を参照のこと〕。人間の脳は、目先の問題の処理は得意だが、長期的な思考は苦手だ。ハーバード大学の心理学者ダニエル・ギルバート〔一九五七―〕は次のように皮肉っぽく語っている。「多くのエコロジストは、気候変動の進行はあまりにも急速だと嘆く。だが実際は、遅すぎるのだ。つまり、われわれの関心を引くほど急速ではないのだ」。

二つめの原因は一つめと似ている。それはいわゆる馴化《じゅんか》だ。人間は生存条件が悪化する場合であっても、それが徐々に進行するのなら慣れてしまう。つまり、「茹でガエル」だ。カエルを熱湯のなかに入れるとすぐに飛び跳ねて逃げ出すが、水から徐々に温度を上げていくと水温の上昇を気づかずに茹でられ死んでしまう。これはダイアモンドがイースター島で最後の木を切り倒した人物の行動を説明するために用いた説明だ。取り返しのつかないことをするという意識は、それまでの災害に対する慣れによって薄れてしまう。

三つめの原因は、神話が人間の精神におよぼす力だ。西洋文明に宿る進歩という神話により、われわれは人類を救うための技術的な解決策は必ず存在すると信じている。そうした期待は新型コロナウィルス・ワクチンの迅速な開発によっても持続するだろう。トランプがワクチン開発を加速させてアメリカを救済すると請け負ったように、われわれは人類を悪から救うための画期的な科学技術の開発を、何の確証もなく天に祈ることになる。

四つめの原因は、「有害な情報」から自分たちを守ろうとする感情が働き、事実を否定することだ。誰もが死すべき存在だとわかっているが、毎朝、そのことを考えるのは気が重い。

五つめの原因は、これまでとは別の世界を思い描けないことだ。脅威に立ち向かうには、正しい情報を把握しなければならないが、同時に危機から抜け出せる可能性を信じる必要がある。これは経済学者ローラン・ベナボウが発展させた「集団思考」という理論だ。大惨事が起こるという警告だけでは不充分だ。警告を真剣に受け止めるには、これまでとは別の世界は可能だという確信がなければならない。

賢明な破局論

哲学者ジャン＝ピエール・デュピュイは前掲書『ありえないことが現実になるとき――賢明な破局論にむけて』において、現代における崩壊学の役割と危険性を見事に予見した。大惨事を回避したいのなら、大惨事の発生を確信しなければならない。つまり、大惨事は避けられないと確信しなければならないのだ。デュピュイはこの矛盾を浮き彫りにするために哲学者アンリ・ベルクソンの発言である「第一次世界大戦は起こりそうだが、起こるはずがない。運命の日まで続く複雑で矛盾した考え」を引用した。

また、経済学者ヌリエル・ルービニ〔一九五八―〕は世界金融危機の発生を警告するために、ナシーム・ニコラス・タレブ〔一九六〇―〕の有名な「ブラック・スワン理論」とは正反対の「ホワイト・スワン」を唱した。金融危機の発生をブラック・スワンの出現と説いたタレブの解釈は次の通りだ。投資家は、金融危機は先験的に起こりえないと考えたが、実際に危機が発生して初めて、自分たちの理論が間違っていたことに気づいた。一方、ルービニの解釈は次の通りだ。金融危機が起こる兆候は明らかだったのに、投資家はこれを見ようとしなかった。

イヴ・シットン〔一九六二―〕とジャコポ・ラズミ〔一九九一―〕は、崩壊学に関する著書のなかで、破局論の曖昧さを批判している。[‡10] 彼らによると、現在進行中の過程をより正確に表現するなら、それは「細かく砕け散っている状態」だという。たとえば、ペンキが剝げ落ち、エレベーターが動かなくなった低家賃アパートのようなものだ。われわれの物質文明を脅かす巨大なリスクが、あっという間に消え去るということはありえない。そうしたリスクは、われわれをこれまで以上に厳しい生活条件へと追いやる。後戻りはできない。金持ちなら安全な地域へと移り住むことができるが、都市部で暮らす貧困層は危機に見舞われてすべてを失う。「われわれの社会は形骸化している。これは今後一〇年間にスーパーマーケットでは略奪行為が頻発すると占うよりも、はるかに歴然かつ凡庸な指摘だろう」。

彼らの論点は、なぜ崩壊という危機感が行動に結びつかないのかを示すことにある。その答えは、大惨事への対応は阻止でなく備えることにあるからだ。つまり、生き残るというサバイバル術の実践だ。救世主の到来という約束のように、崩壊を唱える人々のなかには、どういうわけか崩壊の訪れを望む者がいる。だからこそ、一部の崩壊論者は、予見される危機を阻止する対策は存在するという約束に苛立つのだ。

ある意味、破局論もポストモダニズムだ。ポストモダンの思想家は、すべては文化だと説く。よって、彼らが終末論的なリスクを考察する際は、文明が消滅する可能性を認め、さらには望むことになる。というのは、彼らはどんな行動であっても無益だと考えているからだ。

依存症社会

二酸化炭素の排出削減の努力は、タバコを止めるという困難とタバコ会社による組織的な否定キャンペーンから、しばしば禁煙と比較されてきた。タバコは肺がんの直接的な原因であることが科学的に証明された後も、タバコがこの世から消え去ることはなかった。同様に、石油会社も一九六〇年代の時点から化石燃料が気候変動のリスク要因であることを充分に認識していた。

しかし、依存症の原因は供給側だけでなく需要側にもある。習慣性の強い物質を消費すると依存症という障害が生じるが、依存症には障害を得たいから消費するという側面がある。薬物やテレビ・シリーズに「はまる」のは、己を危険にさらす実存の問題（「自分とは何者なのか」）から目をそらせるためだ。つまり、自分を蝕む問題から注意をそらしたいからだ。

経済学者クリスチャン・ベン・ラクダール（一九七五―）が分析したように、現代の依存症社会は、あらゆる社会層からなる多様な成分の塊だ。[‡11] 第一に、社会が統制力を失うと同時に絆が弱まり、人々の自制心は弱まった。これはケースとディートンがアメリカの労働者階級のオピオイド（鎮痛剤）の過剰摂取を調査した際の分析結果だ。貧困層は自分たちを見捨てた社会で「耐え忍んで生きる」ために薬物の助けを借りる。一方、社会学者アラン・エーレンバーグ（一九五〇―）の分析によると、パフォーマンスを向上させるために薬物を摂取する場合もあるという。たとえば、コカインを常用する投機家《トレーダー》だ。

経済学者は喫煙という行為を、今日の自分と将来の自分とのネガティブ・サム・ゲーム（プレーヤーの利得の合計《サム》が長期にわたりマイナスになるゲーム）と解釈する。将来の自分は今日の中毒の結果を支払うことになる。この知的マトリックスを用いて気候変動リスクを経済学的に分析してみよう。AがBに損害を与えた場合、Aは自身がもたらした損害を「内部化する」ために対価を支払わなければならない。[‡12] これが「汚染者負担の原則」だ。一方、誰かが川の上流で洗濯すると、下流で釣りができなくなるとする。その人物は釣り人たちに迷惑をかける。その人物が川を汚染したことの対価を支払わなければ、これは負の外部性だ。「汚染者負担の原則」に従えば、その人物に次のような選択肢を課せば問題は解決する。川での洗濯を止める、あるいは、洗濯を続けるのなら釣り人たちにどこか別の場所で釣りができる手段を提供して彼らの損害を補償する。

地球温暖化の場合、被害を蒙るのは将来世代だ。将来世代は不在だが、将来世代のために今日の汚染者はその対価を支払わなければならない。これは哲学者ハンス・ヨナス〔一九〇三―九三〕が『責任という原理』〔加藤尚武訳、東信堂、二〇一〇年〕のなかで理論化した点だ。

汚染者負担の原則というアイデアは面白いが、地球温暖化には適応しない。なぜなら、汚染者が損害賠償すれば問題は解決するというこの原則とは異なり、損害の価格が問題ではないからだ。ようするに問題は、「迷惑をかけた人に補償するのなら汚染しても構わない」ではなく、「もう汚染するな」だ。たとえば、規制によって内燃機関の自動車を全面的に禁止するのは、汚染者負担の原則と同様、いやそれ以上の効果をもたらすだろう。

カーボンプライシング〔炭素に価格をつけ、排出者の行動を変容させる政策手法〕のおもな欠点は、解決すべき問題を解決済みと見なし、そうした問題が容認されてしまうことだ。その証拠に、パリで開催された市民会議では、広告の禁止やリサイクルの義務化などが提唱されたが、炭素税については一度も言及されなかった。

経済学者と関係者との認識の違いについては、いくつかの解釈が可能だ。一つめは、経済学者は関係者よりも明敏だという解釈だ。実際に、傲慢な経済学者はそう思う傾向がある。

二つめは逆に、大衆は施行すべき措置が自分たちの暮らしにどのような影響をおよぼすのかを明確に理解しているという解釈だ。タバコに対する課税と同様、燃料税には逆進性がある。すなわち、最も貧しい人の負担が（収入に占める割合に対して）最も重くなる。逆進性を解消するには、理論上、政府が低所得者に補償すればよいのだが、問題は彼らが政府の言葉を信用しなくなったことだ。

各自の状況に言及せずに気候全般を語ってもうまくいかない。エコロジーに対する感度は、政策の正当性、社会的つながりの強さ、将来世代に対する配慮など、多くのパラメータに左右される。さらには、各自が思い描く将来像は社会層によって異なる。

また、現在の職業や生活環境が恵まれていない場合、将来世代の幸福のために自身の暮らしを犠牲にすることは難しい。

なぜなら、気候問題は新たな宗教ではないからだ。われわれが暮らす世俗の世界では、気候問題は宗教の代替でさえない。それはあくまで政治問題だ。有権者の気候問題に関する意識は、彼らの政治的信条ときわめて近い。地球温暖化対策の推進に関して、左派の支持者は熱心だが、右派の支持者はあまり関心がない。とくに極右のフランスの国民連合（RN）の支持者はほとんど興味を示さない。残念ながら、国民全員が一丸となって地球温暖化対策に取り組むようになるとは考えられない。多くの人々にとってエコロジーは重要な問題だが、医療制度改革や購買力維持のほうが切実な問題だ。[‡13]

もっとも、気候変動に対する危機感は高まっている。世論調査によると、フランス人の四分の三は、地球温暖化は深刻な脅威であり、人間の活動がもたらした結果だと考えているという。しかし、すべては技術進歩によって解決されると考える人々と、これからはサバイバル・モードで暮らすべきだと考える人々との意見の隔たりは大きい。よって、人類が一丸となってしかるべき行動をとるとは考えにくい。

問題は、今日のわれわれという存在と将来のわれわれという存在を単に融和させることだけではない。この融和が今すぐ世界全体で必要なのだ。富国の仲間入りを目指す貧国とり、富国が原因の被害のために自動車の所有や肉食を断念することは認めがたいだろう。フランスが国民の質素な暮らしや原発の推進などの対策を講じたところで、中国、アメリカ、インドが追随しなければ、あまり意味がない。人類は気候変動という問題を通じて、地球という共通の次元に関するある種の普遍的な認識を得ることになると信じたいが、その道のりはきわめて遠い。

哲学者ブルーノ・ラトゥール〔一九四七—二〇二二〕と社会学者ニコライ・シュルツ〔一九九〇—〕が『エコロジーを推進する新たな集団に関するメモ』において説くように、エコロジーの推進活動は分断された状態にある。彼らの考えによると、エコロジー推進を自身の社会的アイデンティティの重要な側面と見なす人々をまとめ上げて「前線部隊」をつくり上げる必要があるという。たとえば、園芸家、地球科学者、人類学者、五〇年後の社会的価値を確約する投資活動を目指す投資家などだ。すなわち、医療関係者や教師のように、民主的に他者と対峙する覚悟があると同時に

「目先のパフォーマンス」に対抗する意思のある人々だ。

気候変動への行動を促すには、破局論以外の方法を見出さなければならない。前述のセルヴィーニュとスティーヴンスが述べるように、熟考と行動を切り離してはいけない。行動しながら想像をめぐらす必要がある。最初の取り組みが形式だけで効果に乏しくても、目指すべき世界を体験するために、今とは違う生活を始める必要がある。世界の崩壊を傍観して嘆くだけでなく、自分たちがつくりだす世界に喜びを見出さなければならない。禁煙中の人は、再び健康になれると信じなければ失った幸福を嘆くだけであり、これでは禁煙はうまくいかない。

第7章　一〇〇年後

豊穣の世界

「農業や畜産を知らない《原始人》と呼ばれる人々は、おもに狩猟、漁業、野生植物の摘み取りによって暮らしていた。彼らが飢餓の恐怖や、過酷な環境で生き延びなければならないという不安に悩まされることはなかった。彼らは小さな人口規模と天然資源に関する豊富な知識によって、かなり豊かな暮らしを送っていたと思われる。（……）余暇の時間が比較的長かったので、豊かな想像力を育み、自分たちと外界との間にショックアブソーバーとして、信仰、夢想、儀式を介在させた。ようするに、宗教と芸術だ」。人類学者クロード・レヴィ＝ストロースのこの文章は、同じ人類学者マーシャル・サーリンズ〔一九三〇―二〇二一〕も称賛した原始社会の姿を見事に描いている。彼らの著書を読むと、狩猟採集民は一日二時間から四時間の労働で全員の食糧を確保し、のんびりと豊かに暮らしていたようだ。狩猟採集民の暮らしぶりを理想化する神話に騙されてはいけないが、彼らの暮らしぶりからは、理想の世界を探求する人間の独創力が感じられる。

ところで、人類学者たちが狩猟民族の暮らしぶりを再検討したところ、狩猟採集民の社会が努力や富の蓄積とは無縁だったという見方は疑問視されている。たとえば、カリフォルニア州北西部で暮らしていた狩猟採集民は強欲だった。人類学者グレーバーと考古学者ウェングローによると、「彼らの暮らしは、貨幣（貝殻）と宝物を中心に構成され、彼らが培った厳格な労働倫理の唯一の目的は蓄財だった」という。すなわち、農業が始まる以前から、さまざまな社会構造が存在していたのだ。

　現代人が狩猟採集民の社会に興味を抱くのは、現代人は農耕社会が自分たちに遺した表象という重しから抜け出そうとしているからだろう。人間は一万年間にわたって農耕社会で暮らしてきたが、農耕社会は狩猟採集民社会に挟まれて閉じようとしている……。

　現代社会の驚くべき新たな展開の一つは、女性の地位向上だ。農耕社会が人口学的な要請から女性を男性に従属させる体制を構築してから一万年後、合計特殊出生率はまずヨーロッパ、そして世界中で急落した。

　プリンストン大学の人口学者たちの研究によると、一八七〇年から一九一〇年までの間に、ほとんどすべてのヨーロッパ諸国で合計特殊出生率の低下が確認された。人口転換期はほぼ同時に起こり、社会的、経済的な変数からの影響はほとんどなかった。たとえば、イギリスとハンガリーの人口転換期は同時に起こったが、両国の教育と乳幼児の死亡率は大きく異なっていた。識字率の低い低開発国だったブルガリアも同時期に人口転換期を迎えた。

　この同時性は、たとえば都市化といった社会経済的な推移に対する反応よりもはるかに根深い文化的な現象だろう[*1]。

　途上国の合計特殊出生率も、一九五〇年の五から今日の二・四へと下落している。国連の人口学者の解説は、プリンストン大学の先ほど紹介したヨーロッパ諸国の人口転換期に関する結論とほぼ同じだ。世界中の女性たちは、（テレビで放映される）西洋の女性の生活スタイルを観て自由への憧れを抱いた。つまり、ブラジルのメロドラマは、家族計画を妨害してきた教会よりも影響力があったのだ。[＊2]人口転換期を促したのは、女性のメンタリティの変化であって金銭的な政策によるものではなかった。女性のメンタリティの変化には、自身の自由への憧れだけでなく、子供を少なく産んで豊かに育てたいという思いもあった。

二十一世紀の大いなる希望

一九二八年にイギリスの偉大な経済学者ジョン・メイナード・ケインズ（一八八三―一九四六）が説いた二十一世紀の大いなる希望は、驚いたことにレヴィ＝ストロースの「未開社会」の描写と重なる。ケインズは、一〇〇年後（つまり、現在）、「一日三時間働けば、人間の弱さを満足させるのに十分ではないだろうか」「一日三時間も働けば、ほとんどの人の内なるアダムは満足する」と語った。この流麗なエッセイは、これまでに何度も引用されてきた。

「経済的な問題が、生存競争が、これまでつねに人類にとって主な問題であり、とくに切迫した問題だったからである。いや、人類だけでなく、もっとも原始的な生命が誕生して以来、生物界全体にとってつねに主な問題、とくに切迫した問題だったのである（……）大きな戦争がなく、人口の極端な増加がなければ、百年以内に経済的な問題が解決するか、少なくとも近く解決すると見られるようになるといえる。これは将来を見通すなら、経済的な問題が人類にとって永遠の問題ではないことを意味する」（『ケインズ説得論集』所収「孫の世代の経済的可能性」、山岡洋一訳、日本経済新聞出版社、二〇一〇年を引用）。

あれから一〇〇年の歳月が経ったが、経済問題は解決していない。今日、消費量は一九六〇年代の四倍になったが、何の変化もない。仮に、法定最低賃金が五〇〇〇ユーロになっても、物質的生活の基本的な問題は解決されないのではないか……。どうしてこのような事態になったのか。

一つめの回答は、資本主義では、すぐに購入したい気にさせる目新しいモノを提供することによって、人々の消費意欲が科学的に煽られるからだ。この独創力が資本主義の力だ。映画、電話、洗濯機など、人類の進歩に寄与すると考えられるモノを生み出したのは資本主義だ。問題は、ニーズそのものを超えて、さらにその先を追求しなければならない気にさせることだ。すなわち、社会から脱落しないためには、最新型の自動車やｉＰｈｏｎｅを所有する必要があるのだ……。これは社会を永遠の競い合いの場に変えるという「ジョーンズ家の奴らに負けるな」理論だ。経済学者リチャード・イースタリン（一九二六―）は、このパラドックスが他者と絶えず比較するために幸福になれない人々を生み出していると指摘する。

しかしながら、ケインズの予言は、実際にはほぼ当たっていた。というのは、現代人がケインズの時代の消費を特徴づけるモノだけで満足していたのなら、労働はほぼ終わっていたからだ。労働時間全体に占める工業と農業の割合は、ケインズがあのエッセイを発表したときは六〇％

だったが、今日のフランスやアメリカでは一五％に過ぎない。たしかに、工業社会は消滅した。

政治学者ジェローム・フーケ〔一九七三―〕が語ったように、大衆が想像力を構築する場は工場からショッピングセンターになったが、社会にはまだ工業化社会の面影が残っている。そうはいっても今日、大量消費の牽引役だったテレビなどの家電製品は消費の一部でしかない。工業製品の購入目的は、所有したいことよりも、壊れたので取り換えることになった。工業製品の価格は下落しているのだから、テレビが壊れたのなら修理せずに新しいテレビを購入したほうが得だ。こうした無駄遣いを阻止するには、カーボンプライシングが有効だ。

個人消費の構成からは、半世紀の間に起こった消費形態の変容がわかる。食料、タバコ、工業製品、衣服、家庭用品などの項目は、一九六〇年の支出全体の半分以上を占めていたが、今日では四分の一以下になっている。[‡4] 急増した項目は住宅と自動車であり、これらの項目が占める割合は同期間に二倍になった。今日、これら二つの項目が支出全体に占める割合は四〇％だ。[‡5]

「黄色いベスト運動」の参会者は、この住宅と自動車という項目は密接な関係にあると訴えた。というのは、住宅費の高騰に対応するため、労働者階級の住宅は職場から徐々に遠くなっていったからだ。人口学者エルヴェ・ルブラ〔一九四三―〕によると、富裕層と貧困層との間には著しい所得格差があるにもかかわらず、両者の住宅の広さはそれほど変わらないという。つまり、富裕層の住宅の床面積のほうが貧困層よりも圧倒的に広いというわけではないのだ。すべてはどこに住んでいるかだ。都心の景観地区に住んでいる人もいれば、長距離通勤を強いられる人もいる。

これらの問題は従来の工業を成長させても解決しない。テレビや洗濯機の生産量を増やしても、フランス人の生活困難は解消しない。

気候変動対策を推進し、国民の購買力を維持するには、モノの急速な陳腐化を防ぐ、モノをリサイクル可能な材料でつくる、モノの消費を減らすといった対策が必要だ。

現代人がポスト工業化時代を幸福に過ごせるようにするには、より調和のとれた方法で社会空間をつくり出す必要がある。こうした点において、恵まれない地域の過疎化はきわめて深刻な問題だ。過疎化は公共サービスの問題と密接に結びついている。国が郵便局を閉鎖したり、採算割れの駅を廃止したりすると、関係する自治体には深刻な影響がおよぶ。

公的支出の在り方もポスト工業社会の大きな特徴だ。フランスでは、この六〇年間に消費全体に占める公的支出の割合（公的支出が世帯に還元される場合）は、一四％から二四％へとほぼ倍増した。公的支出のなかでも劇的に増加したのは医療費だ。医療費が公的支出全体に占める割合は五・五％から一四％になった。医療と教育がおもに公的セクターで生み出され、税金によって賄われることには、さまざまな批判がある。たとえば、公的支出を賄うには、民間セクターを活性化させなければならないという、お馴染みの意見だ。では、医療費を賄うには歯磨き粉を売らなければならないのだろうか。これは明らかに馬鹿げた意見だ。たとえば、全員が医師と介護士であり、働くことによって得た購買力は、老後や病気になったときのために貯蓄するというシステムを想像してみよう。このシステムは公共セクターでも民間セクターでも構わない。重要なのは生産主体が公共セクターか民間セクターかではなく、生産が国民にもたらす厚生だ。

要介護高齢者施設を運営していたオルペア社による高齢者の虐待は、フランス国民を驚愕させた。このスキャンダルからは根本的な問題が明らかになった。人間を扱う際の生産性とは何か。IBMが開発した「ワトソン」に事務処理を任せれば、事務員を雇うコストは削減できるかもしれない。しかし、介護自体の生産性を向上させようとすると、人間が人間に提供するサービスである介護が非人間化する恐れがある。

オルペア社に対する立ち入り検査の結果にはぞっとさせられる。食事は肉抜きであり、夜食も計画的に配給されないため、入居者はしばしば一二時間以上の絶食状態に置かれた。人件費を削減するためにあらゆる手段が講じられた。被害者の弁護士によると、世話をする時間を削減するために、入居者は一六時に就寝させられた。高齢者の場合、歩行可能でも車椅子を常用すると歩けなくなることはわかっていたが、介護士が移動させやすいように、入居者は車椅子の利用を強制された。

人間との関係を工業社会の素材と同じように扱うことはできない。デジタル社会がサービス活動の生産性を向上させる手段であるのなら、デジタル社会が人間を扱う方法には越えてはならない一線を引く必要がある。工場に代わって生産の中心地になる病院や要介護高齢者施設は、歯車の一つとして合理化のプロトコルに従うのではなく、患者の行程を自ら考える科学技術力を持たなければならない。

これこそがわれわれが構築すべき文明の課題だ。

ＳＦの世界に戻る

映画『エリジウム』のような社会になってはいけない。エリート層は生活環境が悪化した地球から離れ、衛星軌道上に建造された理想郷「エリジウム」で暮らす。地球で暮らす平民は、自律型軍事用のロボットとドローンの監視下に置かれる。この映画は、金持ちはモノのあふれる豊かな社会で暮らす一方、平民はロボットとＡＩに支配されるという極端な社会を描く。

ＳＦ物語では、人口過剰になって富裕層あるいは貧困層が別の惑星に移り住むという二極化した世界がよく描かれる。ＳＦの世界では、往々にして「企業」が国や政府（まだ存在している場合）よりも重要な役割を担う。

『ブレードランナー』の著者フィリップ・Ｋ・ディックのＳＦ小説『ユービック』では、自宅の玄関や冷蔵庫の扉を開ける際にも「ポスクレッド」という通貨を利用しなければならない。すべてのモノと行為が金銭的な価値に置き換えられるのだ。

アンドリュー・ニコル〔一九六四―〕監督の映画『ＴＩＭＥ／タイム』では、時間が通貨になる。

人々は金銭ではなく、数秒間、数時間、数年間の寿命を得るために働く。貧乏人は文字通り時間に追われる。この映画の冒頭では、息子が数分の時間しか残されていない母親に自分の持っている時間を差し出すが、ぎりぎり間に合わず、母親は息子の腕のなかで息を引き取る。一方、金持ちは数世紀も生きることができる。

ＳＦの起源は近代の政治経済が始まった十八世紀にまで遡る。すなわち、ケネー〔一六九四―一七七四〕、スミス、マルサス〔一七六六―一八三四〕、リカード〔一七七二―一八二三〕などの初期の思想家が、富の源泉は土地なのか労働なのかと自問していた時代だ。この問いに対するＳＦの回答はきわめて現代的だ。ＳＦで重要なのは一次産品とテクノロジーであり、（人口過剰という神話によって）人間の労働価値はきわめて低い。ＳＦが想像するこうした世界は、われわれの不安の反映に過ぎないのだろうか。それとも、実際に起こりうることなのだろうか。

経済学者ロバート・ゴードン〔一九四〇―〕は、二十世紀の消費社会は二十世紀初頭の時点で予見されていたことの証拠として、ＳＦ作家ジュール・ヴェルヌ〔一八二八―一九〇五〕の作品を挙げている。ヴェルヌは後の発明を数多く予見した。二十世紀初頭の段階で、電気や内燃機関が世の中を変革することは完全に予見されていた。すでに起こっている変革が社会全体に波及する状態を想像すれば、未来の全体像が見えてくる。これは今日のマイクロプロセッサやＡＩについても同様だ。

そこで次のような世界が想像できる。顔認識技術によって空港でのパスポート提示やスーパーのレジが不要になる、自動走行車同士の相互通信をＡＩによって解析する交通管理システムが渋滞を解消する、アプリによるセルフメディケーションが一般化する（重篤な場合は即座に医師へ連絡が行く）、窓口のない銀行によるリアルタイムの口座管理サービスが提供される（例：ＡＩがはじき出す財務スコアに応じた利率でのローン）などだ。

今後、テクノロジーは利用者の断りなしに生み出される傾向があるだけに、こうした未来像が現実になる可能性は高い。

フォードは自身の工場に流れ作業を導入した。今日、ブッキング・コムやウーバーなどのアプリは、自分たちが門外漢だった分野に革命をもたらした。「センター・フォー・ヒューマン・テクノロジー」の会長トリスタン・ハリス〔一九八三―〕が語ったように、五〇名のアプリ開発者が二〇億人の意思決定を司っている。

叡智と美

しかしながら、ＳＦの描く未来像が正しいとは言えない。希少性が高まるのは、ロボットや一次産品ではなく、人間であり、暮らしの質だ。一九六八年にロバート・ケネディ〔一九二五―六八〕が行なった有名な演説は今日でも説得力がある。「ＧＤＰには、子供の健康、教育の質、笑顔は含まれていない。ＧＤＰでは、詩の美しさや、夫婦の絆、政治議論の質、公務員の廉潔さは計測できない。さらには、われわれの勇気、叡智、文化も考慮されていない」。

ロバート・ケネディのこの直感を裏づける研究を紹介する。

経済学者リチャード・レイヤード〔一九三四―〕らは、生活に満足感をもたらす決定要因を国際比較した。彼らによると、他者との信頼関係、寛容な精神、健康といったきわめて主観的な要因のほうが、GDPよりもはるかに人々の幸福感に影響をおよぼすという。[*6]

一〇段階で評価すると、収入が二倍になると、その人の幸福感は〇・二一ポイント上昇する。なんと晴れの日のほうが幸福感は高まるという。一人暮らしよりもカップルで暮らすだけでも、幸福感は〇・八ポイント上昇する。他者との信頼関係と寛容な精神は、幸福感の重要な要素だ。信頼関係は幸福感を一ポイント上昇させる。これは収入が二倍になったときの五倍に相当する。ある実験からは、被験者は渡された一〇〇ユーロを自分自身のために使うよりも慈善事業に寄付したほうが幸せな気分になったことがわかった。

収入が幸福感におよぼす直接的な影響を把握するのは難しい。というのは、他者が豊かになることに代表される「負の外部性」を考慮する必要があるからだ。富は、単にモノを購入するだけでなく、社会的な地位を築く、さらには自分の世話をする人物の労働時間を使うためにも利用される。よって、収入の増加が幸福感にもたらす影響は、他者も豊かになると弱まる……。自分以外の人々の収入も増加すると、都市部の好立地の住宅のような希少なモノは相変わらず自分の手には届かない。つまり、富は往々にして相対的な問題なのだ。裕福になるのは素晴らしいことだが、他者が貧しくなるのなら、なお素晴らしいということだ。

驚くべきことに、フランスは不幸の原因がいまだに物質的な豊かさに宿る国だ。フランス人は「清貧さ」を尊ぶ国民だと自称しているが、統計分析によると、実際にはイギリス人やドイツ人よりも物質的な豊かさに敏感であることがわかっている。[*7] その理由は、おそらくフランス人は他者とともに暮らすのがきわめて苦手な国民だからだろう。他者との共生を目指す社会の最後の頼みの綱はお金だ。

前述のレイヤードの著書の重要なポイントは、メンタルヘルスの問題だ。メンタルヘルスは幸福格差の主因だ。一九九一年四月から一九九二年一二月の間にイギリスのブリストルで誕生したすべての子供を対象にする詳細な分析調査が実施された。この調査は、両親の状況、子供の通う学校、学校の教師など、さまざまな変数に応じて子供の成長を網羅的に追跡した。当然ながら、子供の成長は、両親の社会的な環境に大きく左右される。母親の就労は子供の学業に影響をおよぼさない。それよりも重要なのは、母親の心理状態だ。母親の心理状態は子供の学校の成績には影響をおよぼさないが、子供の情緒には直接的な影響をおよぼす。

この研究結果の興味深い点は、教師も母親と似た役割を担っていることだ。よい教師は、学校の成績よりも子供の人格形成により根源的な影響をおよぼす。熱心な教師は当然ながら生徒の数学や国語の成績を向上させるが、それは一過性の出来事だ。一方、教師が子供の精神におよぼす影響は、しばしば一生ものだ。教師が子供に自信を授け、他者との平穏な関係を構築するための寛大さを教えることができるかどうかで、子供は立派な大人にも不幸な大人にもなる。

その証拠が、アルベール・カミュ〔一九一三―六〇〕がノーベル文学賞を受賞したときに恩師に送った手紙だ。「受賞の知らせを受けたとき、母の次に私の心に浮かんだのは先生のことです。先生がいらっしゃらなかったら、そしてあの貧しい小さな子供だった私に愛情のこもった手を差し伸べ、教えと手本を示してくださらなかったら、このようなことは決して起こらなかったでしょう」。

母性愛

カミュの恩師のような教師、患者に献身的に接する介護士、誠実な政治家たちを中心として、今世紀の挑戦とされる人間関係のデジタル化に対する監視体制を構築する必要がある。多くの研究からは、人間の感性をＡＩによる知性に置き換える計画はうまくいかないことがわかっている。

先述した『デジタル馬鹿』の著者ミシェル・デミュルジェは、大規模オンライン講座（ＭＯＯＣ）を分析した。一〇〇万人の利用者を対象にした調査によると、「熱心な利用者はほとんどいない。講座を開始してから二週間が経つと、利用者の数は著しく減る」という。大規模オンライン講座は、おもな利用者になると見込んでいた貧しい学生や低学歴者を引き寄せることができなかった。なぜなら、オンライン講座に登録した人のおよそ八〇％はすでに大卒者だったからだ。

デミュルジェは「今のところは」と前置きしながらも、デジタル技術ではできないと思われるもう一つの根本的な限界について指摘している。それは母性愛だ。乳児は、生身の母親が与える愛情と、ビデオに映った母親が与える愛情をはっきりと区別する。デミュルジェは、「理由はまだわからないが、乳児に与える刺激が人間によるものか機械によるものかでは、影響はまったく異なる」と解説する。デミュルジェは、霊長類の社会性に関する専門家ピエール・フランチェスコ・フェラーリ〔一九六八―〕が行なった実験を引用し、共感力の仕組みを論じている。[‡8] フェラーリが説くには、生身の実験者から実験者の登場するビデオに切り替えたところ、驚いたことに共感力の基盤であるミラーニューロンのスイッチが切れてしまったという。

この結論を補強するもう一つの実験がある。二組の生後九か月のアメリカの乳児に中国語を教えるという実験だ。フェラーリの「意図せざる実験」と同様、まったく同じ内容の授業を、一つのグループは人間の教師から学び、もう一つのグループは同じ人間の教師が登場するビデオから学んだ。実験の結果、ビデオ学習にはまったく効果がなかったことが判明した。

ビデオ学習の場合、たとえば、子供がまばたきをしたときに教師がはっとして言葉を少し詰まらせる、教師が生徒の感情を読み取って抑揚を変化させて話すというような、子供との繊細な結びつきが欠けていた。ビデオでは、教師は乳児の発する感情的なメッセージを受け取ることができなかった。逆もまた然りであり、乳児は自分の感情に無神経なビデオの教師に興味を抱かなかった。

この例は、デジタル社会がもたらすリスクを象徴している。デジタル社会は、人間が他者と向き合うとき、その他者が自分の気持ちを理解している、あるいは理解しているはずだと考える他者とのつながりを断ち切る。

デミュルジェの皮肉交じりの白けた結論は次の通りだ。「将来、われわれ人間に代わり、人間の形をしたロボットが、子供の教育、喃語《なんご》の解釈、好奇心の育成、子守、話し相手、抱擁をするようになるだろう。手間のかからない子供、子育ての要らない子孫。グーグルのアルゴリズムがすべて面倒を見てくれる。デジタル世界万歳」。

結論にかえて

ソーシャル・ネットワークにより、階層社会はある意味において終焉を迎えるが、社会の分断化は進む。人付き合いは平等になり、ファーストネームで呼び合うようになる。だが、これはあくまで均質化された集まりにおいての話だ。

誰もが自分と同じように考える集団に参加し、仲間との共生によっていわゆる「拡張された自己」がつくり出される。現代の個人主義にも過去の階層社会モデルにも基づかない新たな社会が出現する。出現するのは自己のイメージを集団のアイデンティティに合致させる「集団的個人主義」だ。不信感が蔓延する一方、ソーシャル・ネットワークにより、自分の「部族」に対して自己を演出する際には一切の羞恥心を失わせる文化が発展する。

すでに訪れているこうした世界により、人々は白痴化し、罰せられる。イギリスのテレビドラマ・シリーズ『ブラック・ミラー』には、ある青年がインターネットで小児性愛の動画を観ているところをコンピュータ内蔵のカメラに捉えられるというエピソードがある。道徳の番人であるAIは、「異常な性癖を暴露するぞ」とこの青年を脅し、別の犯人を殺害するように仕向ける。

こうした光景は、デジタル社会の倒錯を物語る。デジタル社会は監視下に置いた個人をデジタル社会が生み出す産物の虜にする。こうした「精神的な矛盾」は、工業資本主義の「文化的な矛盾」の延長線上にある。つまり、消費面では自堕落な暮らしが促される一方で、生産面では鉄の規律が求められる。デジタル資本主義では、この緊張が極限にまで達する。すなわち、強引に依存させられる一方で、個人の一挙手一投足が監視される。

一九六〇年代、若者たちは工場や大学に課せられた規律と、陰気で代わり映えしない消費社会に対して反乱を起こし、工業を司る秩序を崩壊させた。六〇年代が解決できなかった問題とは、これまでとは別の世界を構築することだった。ヒッピーと左翼は、フランスの中央高原ラルザックやサンフランシスコの「共同体」での新たな暮らしを模索した。

社会学者ベルナール・ラクロワ（一九四七―）が見事に論じたように、季節によって暮らしぶりを変える狩猟採集民の社会のように、夏では快適だったものが冬になると悪夢になった。[9] 彼らの一人は一九七一年七月二十六日の日記に「太陽、気さくな仲間とともに、わかるだろ。ようするに、都会から離れ、毎日あくせく働くことのない、いかした暮らしだよ」と記した。しかし、一九七二年一月十九日の同じ日記では、雰囲気は異なっていた。「とても寒い……。もう駄目だ。僕は修道士のような生活を送るために生まれてきたんじゃない……。動物たちの間に閉じ込められて暮らすなんてうんざりだ……。外には見たいものがたくさんあるのに、それができないなんてやるせない」。

ラクロワはこれらほとんどの共同体が時の流れという試練に耐えられなかった理由を明快に論じている。古くからの社会では、個人には共同体を離れるという選択肢はないに等しく、個人の想像力には、自分が暮らさなければならない世界の制約が組み入れられていた。また、修道院という共同体には、志願者は自身の資質を事前に証明しなければ入れなかった。希望が受け入れられると、志願者は努力して入ったのだから修道院の期待に応えようとした。一方、一九六〇年代から七〇年代にかけてつくられた共同体では出入りが自由だった。メンバーを長期にわたってつなぎとめる仕組みは一切なかった。冬になると意欲は萎え、すべてを再構築しなければならなかった。

デジタル文明が開化したのは、そうした失敗の間隙だった。革命の先駆者の中には、階級や服従のない世界を夢見る反逆児たちの姿があった。インターネットの原点はアメリカ国防総省がつくったアーパネット〔Advanced Research Projects Agency NETwork：高等研究計画局ネットワーク〕だ。アーパネットには敵の攻撃からアメリカ軍のコミュニケーション手段を保護するために生み出されたという逸話があるが、このシステムはすぐに大学に波及し、大学間の情報交換ツールになった。大学のキャンパスが新たなテクノロジーの実験場になったのだ。

デジタル革命では、学問の世界は自己を探求する社会の暗黙のモデルだ。ボノボと同様、大学の教員はどちらかといえば協調性のある人種だ。研究成果を共有し、他の大学や外国人の学者とともに論文を執筆するのが常だ。都市で暮らした古代ギリシア人のように、大学の教員は仲間の事務処理を持ち回りでこなす。

　しかし、大学の教員は、特定のテーマについて最初に引用される論文を発表するために、しばしば熾烈で卑屈ともいえる競争を繰り広げる。ところが、学術界はデジタル革命が生み出した競争圧力に対し、自分たちが想像した以上に脆弱だ。論文の被引用回数による研究者のネット・ランキングはお馴染みになった。グーグル・スカラーをクリックすれば、その大学関係者がその同僚とどのような関係にあるのかを窺《うかが》い知ることができる。こうした仕組みにより、大学関係者の間には、それまでにはなかった激しいライバル意識が芽生えた。

　カリフォルニア大学バークレー校の職員全員の給与額がネット上で公開されたことに関する調査によると、給与の低い職員たちは自身の「市場価値」がみだらに公開されたことに屈辱感を覚えたという。

　しかしながら、学術界というこの奇妙な共同体の求心力になっているのは、科学に対する共通の信仰だ。これは外部から見ると無邪気とさえ思えるだろう。自分の理論が実験や他の学者の理論によって反証されることはあっても、学者は自己の信念を思い通りに表現できる。学術界のメンバーを結びつけるのは自由な科学という「メタ物語」だ。

　学者の暮らしは、デジタル革命の追求する水平的かつ世俗的という「よい社会」の理想型に近い。学術界の階級制は少なくとも他の社会と比べると弱い。セミナーでは、若手の研究者であっても古参の研究者に質問できる。そして学術界は明らかになった真実だけがアイデンティティである点において世俗的だ。

先ほど述べた中世の修道院と同様、学術界の問題は参入コストが高いことだ。大学人の墓場には、膨大な量の論文、書籍、手間のかかる実験が埋まっている……。

学術モデルは、同業者の判断だけを正当と認めるという点において、完全に族内婚だ。こうした観点から、学術モデルはデジタル世界が学術モデルをイメージして持ち込んだと思われる自己中心的な文化と完全に呼応する。

大学に問題点はあるが、大学は、誰もが互いの意見に耳を傾け、互いに敬意を表し、基本的な価値観を共有する社会を実現するためのモデルだ。このアイデアを社会全体に拡充していくことが現代社会の課題だろう。

そのためには、社会的格差を解消させる包括的な組織制度を再構築する必要がある。企業、労働組合、発行部数の多い新聞などがかつて担ってきた社会的交流を、われわれが望む新たな暮らしにおいて復活させなければならない。どんなにコストがかかったとしても、社会的多様性を重んじる大学のような組織制度が不可欠なのだ。

政治に関しては、包括的な組織形態を模索する必要がある。ソーシャル・ネットワークだけで従来の政党に代わるものが誕生すると考えるのは幻想だ。従来の政党の長所は、労働者や教師などの左派や、ブルジョワ階級や農民などの右派といった、異なる社会層を調和させて夢と現実の均衡点を追求することだった。人々は政治に無関心になり、票を投じたところで世の中は変わらないとあきらめている。

しかしながら、多くの人々が信念を同じくすれば、大きな効果が生じる。一人一人の信念の集結こそが、われわれの暮らす世界を形成するのだ。

他者ならびに現実との関係を破壊するデジタル社会に抗う必要がある。われわれは死者を蘇らせることも、他の惑星に移住することもできない。生者とともにこの地球で暮らすことを受け入れなければならないのだ。

謝辞

次の方々に深く感謝する。

本書の原稿を丹念に読んでくれたローラン・ベナボウとフランシス・ウォルフ。執筆中の私を絶えず励ましてくれたジル・ハエリと親友アレクサンドル・ウィックハン。貴重なコメントをくれたアレクサンドル・カダン。マリー＝ピエール・コステ・ビロンの編集チーム。

ロジェ・ゴディーノとアンリ・ウェベールが存命なら、二人から本書に関する感想を聞きたかった。

本書はスザンヌ・スロドゴラに捧げる。

訳者あとがき

本書『ＡＩ時代の感性　デジタル消費社会の「人類学」』は、フランスで二〇二三年八月に刊行された*Homo numericus : La "civilisation" qui vient*（数値化される人間——来たるべき「文明」）の全訳であり、フランスでは出版直後、ベストセラーになった。

著者ダニエル・コーエンは、一九五三年チュニジア生まれの経済学者だ。ヨーロッパを代表する経済学の教育および研究機関であるパリ経済大学の創設者であり、現在、この大学の学長を務めている。フランスの大手メディアのご意見番であり、経済だけでなく社会や政治について積極的に発言している。

著書は多数あり、多くの言語に翻訳出版されている。邦訳書は、『迷走する資本主義』（新泉社）、『経済と人類の1万年史から、21世紀世界を考える』（作品社）、『経済は、人類を幸せにできるのか?』（作品社）、『経済成長という呪い』（東洋経済新報社）、『ホモ・デジタリスの時代　ＡＩと戦うための（革命の）哲学』（白水社）がある。

コーエンによると、人類史を振り返ると社会形態は――「①狩猟採集民型（平等主義的／宗教的）」、「②農耕民型（階級的／宗教的）」、そして「③工業型（階級的／世俗的）」へと移行し、現在は「④デジタル型（平等主義的／世俗的）」へと向かっているという。

ちなみに、同じフランスの思想家ジャック・アタリは近著（二〇二三年刊）において、各時代の支配者に注目し、人類史を宗教の時代（①と②）、帝国の時代（②と③）、商業の時代（③と④）の三つに分割して歴史を概説している。権力と富に焦点を当てるアタリの概説は④、つまり近未来における三つの脅威として、気候変動、超紛争、人工化を挙げている。三つめの人工化は、洗濯機、自動車、冷凍食品、コンピュータなど……それまで人間が手仕事で行なってきたサービスを機械がこなすようになることを意味する。アタリによると、われわれはさらなる豊かさを求め、自己の人工化（例：生殖時の遺伝子操作、脳埋め込みデバイス、自身のクローン製造）という最後のフロンティアに向けて歩んでいるという。

コーエンも④という社会は、同じような理由から決して住み心地がよいわけではないと説く。アタリほどSFめいていないが、デジタル革命は「《創造的な仕事》に就く者たちを際限なく豊かにする一方で、（規模の経済を利用できないために）生産性を向上できない《つらい仕事》に就く者たちを困窮させる」。生産性を向上できないのは、おもに対面で行なう不労所得とは無縁の求人難の職業だ。これらの職業に就く者たちのなかには、自身の社会的な意義やアイデンティティを見出せなくなる者が現われる。これは昨今の凶悪犯罪者の社会的背景と一致する。

「自分とは何者なのか」というアイデンティティの危機に乗じて登場するのがナショナリズムだ。オリンピックに熱狂して「がんばれ！　ニッポン！」と叫ぶだけならよいのだが、やがて帰属意識に訴える過激な主張を掲げる政治家を支持するようになる。極右の台頭だ。

デジタル革命の産物であるSNSは、自己のアイデンティティに危機感を覚える孤立した個人を集合させるが、それはあくまで同じ信仰を抱く者たちの集まりだ。集団間の建設的な議論は期待できない。なぜなら、SNSは結局のところ、各自の信念が己の真実になる世界だからだ。よって、政治家は「サイレント・マジョリティー」の良識に訴えるよりも、SNSを使って極端な思想に共鳴する集団に働きかけ、手っ取り早く支持基盤を拡大させる。事実、日本においてもこうした手法を駆使して、奇妙かつ危険な人物が議員になっている。

本来なら極端に振れがちな世論を制御する役割を担うオールドメディア（新聞、テレビ、ラジオなど）は衰退するか、逆に、SNS化する一方で、ゲートキーパー（職業倫理を持つプロの管理人）不在のSNSでは、フェイクニュースが飛び交い、専門家の発言を嘲笑うなどの暴言が吹き荒れる。結果として、各自の偏見はさらに強固になる。まさに社会の分断化である。

コーエンが本書で説く理想的な「④デジタル型（平等主義的／世俗的）」社会への道筋は、デジタル・ツールをうまく利用して斜陽化した組織制度（例：政党や労働組合）を復活させることだ。社会には多様な背景を持つ人間同士の実際のコンタクトが必要であり、これを担保するには、組織制度が不可欠だという。政党や労働組合だけでなく、子供会、公立学校、朝のラジオ体操の集会などのように、多様な背景を持つ者同士の、実際に顔を合わる交流の場が失われると、「蛸つぼ」が並列する社会になってしまう。私自身の生活を振り返っても「蛸つぼ」で暮らしているという感覚は強い。「蛸つぼ」は本人にとって居心地がよいだけに、SNSによる「蛸つぼ並列型社会」の打開は、きわめて厄介な問題だ。デジタル革命が目指すべきは真の対話型社会の構築というのが、本書のメッセージだと訳者は受け止めた。

今や世界中で「対話型生成AI」の爆発的なブームが巻き起こっている。ChatGPTをはじめとするAIとの対話によって生成されるものに、これからの人類は、取り囲まれていかざるをえない。

本書で注記されるように、「AIは絵を描いたり音楽をつくったりできるが、自分のつくったものが美しいかどうかは判断できない。判断できるのは人間だけだ」（第1章‡21）。

コーエンが語る通り、人間とAIは「効率よく分担」していくこと（人間は対人関係に配慮する作業、AIは成功する確率を計算する作業）がますます求められてゆく。そしてAIと協働することで、人間は、科学や芸術の分野で創造力を発揮していく。だが、機械に感情はなく、人間は感情を求める。

AIと人間が「感情」をともなう対話をかわす場合、その対話が実りあるものになるかどうかは「個人」に委ねられている。そこには、豊かな感性が求められるのだ。

本書でもたびたび言及される「高齢者介護のロボット化」という点について、僭越ながら一言言いたい。個人的な話で恐縮だが、私の父親が昨年末、重度の脳梗塞で倒れた。現在は、高齢者施設に入所し、寝たきりの状態だ。施設は私の自宅から遠くないので、ほぼ毎日、父親の様子を覗いている。ロボットが高齢者の介護を担うというのは幻想だろう。もちろん、補助的な作業（とくに重労働）は実現可能だろうが、高齢者の身体の不自由度は千差万別だ。精神状態にいたっては、とくに認知機能に日や時間帯によって大きなばらつきがある。ＡＩは賢いので「壊れかけた人」であっても対話可能という見通しもあるだろう。しかしながら、「壊れかけた人」との対話こそ、論理ではなく高度な感情が求められることを忘れてはならない。

今回も白水社の編集者である和久田頼男氏の丁寧な編集によって、格段に読みやすくなったと思う。感謝申し上げる。

二〇二三年七月

林　昌宏

人名索引

ア

カ

サ

タ

ナ

ハ

マ

ヤ

ラ

ワ

注

イントロダクション

‡1　創世記の二七章の二二：声はヤコブの声だが、手はエサウの手だ。

第一部　デジタル幻想

第1章　身体と心

‡1　グルノーブル大学のベナビッド教授の研究チームによる成果。脳とコンピュータの直接的なインターフェースは、脳に電極を直接埋め込むという侵襲的な方法や、センサーを装備したヘルメットをかぶるという方法が考えられる。

‡2　*Le Monde*, 4 décembre 2020.

‡3　1965年から1968年にかけて、失業率は1.5%から2.7%に上昇した。

‡4　*F. Wolff, Le Monde à la première personne. Entretiens avec André Comte-Sponville*, Paris, Fayard, 2021.

‡5　A. Prochiantz, *Singe toi-même*, Paris, Odile Jacob, 2019.

‡6　『友達の数は何人？——ダンバー数とつながりの進化心理学』、ロビン・ダンバー著、藤井留美訳、インターシフト、2011年。。

‡7　ゲーム理論の専門家は、いわゆるレベルK思考モデルを用いて志向を分析している。

‡8　M. Benasayag, *La Tyrannie des algorithmes*, Paris, Textuel, 2019.

‡9　愛とは対称的に、憎しみは外的な要因という観念をともなう悲しみだ。満足は内的な要因の観念をともなう喜びだ。悔恨は内的な要因という観念をともなう悲しみだ。

‡10　一次感情は1歳から、道徳的な感情は18か月から24か月、つまり2歳ごろから生じる。21か月以降になると、善悪の感覚を持つようになる。

‡11　人類学者ルース・ベネディクトの日本文化研究により、罪悪感／誇りと恥／名誉の組み合わせが区別されるようになった。前者は自身の行為に（直接的に）割り当てられる道徳的な価値であり、後者は他者の判断に基づく観念を指す。次を参照のこと。『菊と刀』、ルース・ベネディクト著、長谷川松治訳、講談社、2005年。

‡12　『NOISE　組織はなぜ判断を誤るのか？』、ダニエル・カーネマン、オリヴィエ・シボニー、キャス・R・サンスティーン著、村井章子訳、早川書房、2021年。

‡13　D. Kahneman, A. Tversky, « Judgment under uncertainty : heuristics and biases », *Science*, 1974.

‡14　M. Mézard, *Le Débat*, no 207, 2019-5. メザールはこの問題を次のような明快な例によって論じている。サッカーボールの飛ぶ軌道は、アルゴリズムによって完璧にシミュレートできるかもしれない。ただしその際、アルゴリズムに何百本もの似たようなシュートを読み込む必要がある。しかしながら、飛んでいるボールが途中で何かにぶつかると、予測した軌道は修正できない。一方、科学的な知識は弾力的だ。人間が科学的に知識を用いる場合、新たな状況に知識を対応させるため、こうした問題は起こらない。

‡15　『ファスト＆スロー――あなたの意思はどのように決まるか？』、ダニエル・カーネマン著、村井章子訳、早川書房、2012年。

‡16　理論物理学者マックス・テグマークも同じような指摘をする。過去50年間、情報のコストは急減した。その急減率をニューヨーク市の不動産価格に適用すると、何と10セントになるという。これは実際の価格よりも10兆倍も安い計算になる。計算のコストは18か月ごとに半減している。これは「私の祖母が生まれてから10^{18}という計算になる」。

‡17　アインシュタインの脳の重さは1.23キログラムしかなかった（平均的な重さは1.4キログラムから1.5キログラム）。

‡18　神経細胞の数は、ミミズが302個、オラウータンが320億個と

さまざまだが、すべての生物はこの仕組みによって機能している……。

‡19 *Marianne*, 15 avril 2022.

‡20 Y. Le Cun, Y. Bengio et G. Hinton, « Deep learning », *Nature*, vol. 521, mai 2015, p.436.

‡21 ＡＩは絵を描いたり音楽をつくったりできるが、自分のつくったものが美しいかどうかは判断できない。判断できるのは人間だけだ。

第2章 愚かさと懲罰

‡1 『スマホ・デトックスの時代――「金魚」をすくうデジタル文明論』、ブリュノ・パティノ著、林昌宏訳、白水社、2022年。

‡2 G. Bronner, *Apocalypse cognitive*, Paris, PUF, 2021.

‡3 同上。

‡4 フランシス・ホーゲンは、フェイスブックは2020年のアメリカ大統領選前にそれまで放任してきた「フェイク・ニュース」の量を減らすために自社のアルゴリズムを修正したが、選挙後すぐに元に戻した。ホーゲンによると、この修復が2021年1月6日のアメリカ連邦議会襲撃事件を促したのではないかという。また、「新型コロナウィルスに対するすべてのワクチンは実験用であり、ワクチン接種した人は実験台になっている」という英語で書かれたメッセージが、削除されたはずなのに300万回以上も閲覧された。自動検閲ツールがルーマニア語で書かれたメッセージだと勘違いしたのがバグの原因だという……。

‡5 H. Allcott, L. Braghieri, S. Eichmeyer, M. Gentzkow, « The welfare effects of social media », Stanford University, 2019.

‡6 J. Soler, cité par G. Bronner, *op.cit.*

‡7 B. Jarry-Lacombe et al., *Pour un numérique au service du bien*

commun, Paris, Odile Jacob, 2022.

‡8 E. Illouz, *La Fin de l'amour*, Paris, Le Seuil, 2020.

‡9 N. Chuc, *Le Figaro*, mis en ligne le 9 janvier 2022.

‡10 A. Mitchell et L. Diamond, « China's surveillance state should scare everyone », *The Atlantic*, 2 février 2018.

‡11 当然ながら、デジタル社会によって従来の警察型の監視も可能になる。だからこそ、中国とアメリカはデジタル技術の優位をめぐってしのぎを削っている。

第3章　ロボットを待ちながら

‡1 L. Devillers, *Les Robots émotionnels*, Paris, Ed. De l'Observatoire, 2019.

‡2 M. Ford, *Rise of the Robots, Technology and the Threat of a Jobless Future*, New York, Basic Books, 2015.

‡3 これが「カンブリア爆発」だ。G. Pratt, « Is a cambrian explosion coming for robotics? », *Journal of Economic Perspectives*, août 2015.

‡4 Au centre Georgia Tech, cité par M. Ford, *Rise of the Robots, op.cit*.

‡5 前掲書。『NOISE　組織はなぜ判断を誤るのか？』、ダニエル・カーネマン、オリヴィエ・シボニー、キャス・R・サンスティーン著、村井章子訳、早川書房、2021年。

‡6 E. Sadin, *L'intelligence artificielle ou l'enjeu du siècle*, Paris, L'Echapée, 2018.1.

‡7 « Les humains sont sous- estimés. »

‡8 A. Supiot, « Resaurer un travail réellement humain est sur le long term la clé du succès économique », *Usine nouvelle*, 24 avril 2015.

第4章　政治的アノミー

‡1　過去50年間、大学教育を受けていない白人労働者の購買力は13%減少した。

‡2　1780年から1840年にかけての労働生産性（生産高に対する労働時間の比率）は50%近く急上昇したと推定されている。しかしながら、インフレ調整後の実質賃金の上昇率は平均で10%未満であり、労働生産性のおよそ4分の1だ。ところが、1840年から1880年にかけての労働生産性は90%、実質賃金も120%急上昇した。出典：R. Allen dans *Engels' Pause. A Pessimist Guide to the British Industrial Revolution*, Oxford University, 2007.

‡3　P. Askenazy, *La Croissance modern : organisations innovantes du travail*, Economica, 2002.

‡4　M. Pak, P. A. Pionnier, C. Schwellnusは、50周年記念号である*Economie et statistique*, n° 510-512にこうした問題を取り巻く概観を提示するとともに、過去50年間の推移を見事に解説している。

‡5　G. Cette et al., *Economie et statistique*, n° 510-512. しかしながら、国民全体の収入に占める上位1%の割合は7%から10%になった。購買力の年間上昇率を比較すると、上位1%の富裕層は2.2%だった一方で、残りの99%の国民は1%未満だった。次を参照のこと。B.Garbinti et J. Goupille-Lebret. *Economie et statistique*, n° 510-512.

‡6　技術進歩を概括する労働生産性の年間上昇率は、1960年から1975年は4.5%、1974年から1992年は2.1%、1993年から2008年は1.1%、2008年から今日は0.6%と消滅寸前だ。

‡7　A. Resheffet, F. Toubal, *La Polarisation de l'emploi en France*,

Paris, Cepremap, Éd. Rue d'Ulm, 2019.

‡8　D. Acemoglu, « Good jobs and bad jobs », *Journal of Labor Economics*, 2001.

‡9　S. Beaud et M. Pialoux, *Retour sur la condition ouvrière*, fayard, 1999. Goux と Maurin も指摘するように、大卒の若者の多くは、志望よりも低い資格の仕事に就くことを余儀なくされ、それらの職をめぐり、自分たちよりも低い学歴の若者と競合している。この予期せぬ競合の結果、それらの職の賃金に下落圧力がかかっている。*Ecnomie et statistique*, n° 510-512.

‡10　『豊かさのなかの孤独』、クリスチャン・ボードロ、ロジェ・エスタブレ著、山下雅之ほか訳、藤原書店、2012 年。

‡11　L. Rouban, *La France : une république désintégrée*, Paris, Sciences Po-CEVIPOF, 2021.

‡12　Jérôme Fourquet, *L'archipel français*, Le Seuil, 2019.

‡13　J. Fourquet et J.-L. Cassely, *La France sous nos yeux. Économie, paysages,nouveaux modes de vie*, Paris, Le Seuil, 2021.

‡14　M. Gentzkow, « Polarization in 2016 », Stanford University, 2020.

‡15　アントワーヌ・レヴィ（MIT）の研究によると、共和党が得票数では少数派であっても上院を支配しているのは、このためだという。人口密度に関係なく 1 つの州に 2 人の上院議員を選出するというルールは、人口の少ない地域にとって圧倒的に有利になる。人種も政治の二極化を強烈に示す指標だ。白人の 57％はトランプに投票し、非白人の 72％はバイデンに投票した。もっとも、トランプは事前の予想よりも健闘し、ラテン系の国民の支持を得てフロリダ州で勝利した。教育も同様だ。高卒以下の白人の 3 分の 2 はトランプに投票した。彼らはアメリカの有権者の 31％を占めている。こうした構図はフランスでのマリーヌ・ル・ペ

ンの台頭にも当てはまる。

‡16 G.War et al., « (Un)happiness and voting in US presidential election », *Journal of Personality and Social Psychology*, 2021.

‡17 R. Inglehart et P. Norris, *Cultural Backlash. Trump, Brexit and Authoritarian Populism*, Cambridge University Press, 2019.

‡18 次を参照のこと。« Identity, belief and political conflict » par G. Bonomi, G. Tabellini et P. Gennaioli, *Quarterly Journal of Economics*, 2021.

‡19 Y. Algan, E. Beasley, D. Cohen et M. Foucault, *Les Origines du populisme*, Paris, Le Seuil, 2019.

‡20 Y. Algan, S. Guriev, E. Papaioannou, E. Passari, « The European trust crisis and the rise of populism », *Brookings Papers on Economic Activity*, 2017.

‡21 D. Reynié (dir.), *Où va la démocratie ? Une enquête internationale de la Fondation pour l'innovation politique*, Paris, Plon, 2017. Tous les chiffres suivants sont issus de cet ouvrage collectif.

‡22 C. Mudd, « The paradox of the anti- party party. Insights from the extreme right », *Politics*, vol. 2, no 2, 1996.

‡23 M. Offerlé, *Les Partis politiques*, « Que sais- je ? », PUF, 2022.

‡24 B. Jarry- Lacombe, Fr. Euvé, H. Tardieu et J.-M. Bergère, *Pour un numérique au service du bien commun*, Paris, Odile Jacob, 2022.

‡25 H. Allcott et al., *American Economic Review*, 2020. 実験では2018年のアメリカ大統領中間選挙の四週間前に、2743人を対象にフェイスブックの利用を有償で停止してもらった。

‡26 M. Gentzkow, « Polarization in 2016 », art. cit.

‡27 E. Vul et H. Pashler, « Measuring the crowd within », *Psychological Science*, 2008.

‡28 次を参照のこと。M. Ottaviani et P. N. Sorensen, « Information aggregation in debate : who should speak first? », *Journal of Public Economics*, 2001.

‡29 J. Cagé, *Essays in the Political Economy of Information and Taxation*, Paris, EHESS, 2013.

‡30 R. Bénabou et J. Tirole, « Mindful economics : the production, consumption and value of beliefs », *Journal of Economic Perspective*, 2016. R. Bénabou, « Groupthink : collective delusions in organizations and markets », *Review of Economic Studies*, 2013.

‡31 当然ながら、「このような馬鹿げたことを信じて大丈夫だろうか」という現実原則の問題が生じる。

‡32 ベナボウが引用した研究によると、被験者の80%以上がこうした楽観バイアスの影響を受けているという。

‡33 レーヴェンシュタインとモルナールは、人間は他者が自分と同じように考えてほしいと望んでいること、そして他者が間違っている思うと気に障ることを示した。ウィキペディアの創始者の1人であるカニンガムの名前を冠した「カニンガムの法則」によると、よい回答を得るための最良の方法の1つは悪い回答を提示することだという。なぜなら、悪い回答を提示すると、間違いを正したいという欲求をすぐに引き起こすからだ。

‡34 G. Loewenstein et A. Molnar, « Thoughts and players : an introduction to old and new perspectives on beliefs », Carnegie Mellon University, 2021.

第二部　堕落の時代

第5章　社会的な想像力の産物

‡1　正確には、歩兵中隊の人数は時代によって120人から200人の間だった。

‡2　推定回数は、研究によって4.7回から3.5回だった。

‡3　E.MacLean, « Unraveling the evolution of uniquely human condition, » *PNAS*, vol.1.113, no.23, 2016.

‡4　N. Jacquemet, Comment lutter contre la fraude fiscale ?, Cepremap, Éd. Rue d'Ulm, 2020.

‡5　ここで取り上げる多くの議論を分析している。S. Asma et R. Gabriel, *The Emotional Mind : the Affective Roots of Culture and Cognition*, Harvard University Press, 2019.

‡6　幸福に関する不変的な特徴の1つは他者を信頼できることだ。フランス人の幸福度が低い主因は、他者に対する信頼感が薄いことにある。

‡7　フランシス・ウルフは『Plaidoyer pour l'universel』（Paris, Fayard, 2019）において、倫理の基盤は相互性だと述べている。精神が対話体の理性を備えるだけで、相互性のルールに同意することになる。

‡8　次を参照のこと。J. Elster, *Le Désintéressement*, Paris, Le Seuil, 2011.

‡9　前掲書。S. Asma et R. Gabriel, *The Emotional Mind*.

‡10　「でたらめ〔bullshits〕」はプリンストン大学教授ハリー・フランクファートの『ウンコな議論』〔山形浩生訳、筑摩書房、2016年〕の出版以降、哲学用語になった。

‡11 P. Seabright, *The Company of Strangers*, Princeton University Press, 2004.

‡12 アルバニアの小説家カダレは『砕かれた四月』〔平岡敦訳、白水社、1995年〕においてこのことを絶望的に語っている。

‡13 H.Simon, « Organizations and markets », *Journal of Economic Perspective*, 1991.

‡14 前掲論文：R. Bénabou, « Groupthink : collective delusions...».

‡15 経済学者はこれを「埋没費用の誤謬」と呼ぶ。非合理となる状況であっても、投資した事業から利益を回収しようとすること。たとえば、演劇を観に行った際、自分で高いチケット代を支払ったのなら、つまらなくても最後まで観てしまう。逆に、もらったチケットで観たのなら、幕間に劇場から抜け出す。どちらの態度も「合理的」ではない。

‡16 ある調査によると、離婚は景気循環の頂点に頻繁に起こるという。というのは、就労する女性は労働市場の需給が逼迫しているときに離婚を申し立てる傾向があるからだ。

‡17 D. Graeber et D. Wengrow, *The Dawn of Everything*, Allen Lane, 2021.

‡18 J. Cauvin, *Naissance des divinités, naissance de l'agriculture*, Paris, CNRS éditions, 2010.

‡19 経済学者マイケル・クレーマーが示したように、人口増加率そのものが増加するのが、人口爆発だ。M. Kremer, « Population growth and technological change », *Quarterly Journal of Economics*, 1993.

‡20 人類学者は、多くの女性狩猟者の存在を発見し、男性は狩猟、女性は採集というように、男女の役割は厳格に決めっていたとする考えに疑問を呈している。次を参照のこと。Vivek Venkataraman, « Women were successful big- game hunters », *The Conversation*, 10 mars 2021.

‡21 Y. Lambert, *La Naissance des religions. De la préhistoire aux religions universalistes*, Paris, Armand Colin, 2007.

‡22 コーヴァンは著書『神性の誕生、農業の誕生』（Éditions du CNRS, 1994）において、炭素14年代測定を用いて調べたところ、新たな宗教的な慣行の登場は農業よりも先行していたことを突き止めた。しかし、人類学者アラン・テスタールは『有史以前』（Paris, Gallimard, 2012）において、より慎重な見解を提示している。

‡23 J. Bottéro, *Lorsque les dieux faisaient l'homme*, Paris, Gallimard, 1989.

‡24 ユダヤ教は2つの段階を経た。当初、ユダヤ教は神殿とトーラーに依拠していた。ユダヤ人であるとは、ほとんどの古代宗教がそうであったように、神官が動物の生贄を捧げることによる奉納を意味していた。だが、ローマ帝国が第二神殿を破壊すると、ラビが神官よりも権力を持つようになり、ユダヤ人であるとは、トーラーとその注釈書を研究することになった。こうしてユダヤ教は、他の古代宗教と一線を画すようになった。2人の経済学者エクスタインとボッティチーニによると、読書の義務（当時の農耕社会ではきわめてコストがかかった）によってユダヤ人の数は激減したという。彼らの著書『選ばれたごく少数の者たち』には、バクダッドやコルドバのような都市の発展とともにユダヤ人がいかにして自分たちの宗教的理想を高める方法を見出したのかが記されている。

‡25 『世俗の時代』、チャールズ・テイラー著、千葉眞ほか訳、名古屋大学出版会、2020年。

‡26 R. Inglehart, *Modernization and Postmodernization : Cultural, Economic, and Political Change in 43 Societies*, Princeton, Princeton University Press, 1997.

‡27 M. Jensen et W. Mekling, « Theory of the firm : Managerial behavior, agency costs and ownership structure », *Journal of Financial Economics*, 1976.

‡28 前掲書。P. Askenazy, La *Croissance moderne*...,

‡29 N. Bloom et al., « Firming up inequality », *Quarterly Journal of Economics*, 2019.

‡30 P.-A. Chiappori, « Theory and empirics of the marriage market », *Annual Review of Economics*, 2020.

‡31 統計学者が説くように、相関関係は必ずしも因果関係ではない。社会的隔離は差別的な政策の結果であり、国民の寛容なら少数派の社会統合は可能とも考えられる。しかしながら、こうした障害を回避する計量経済学的手法がある。2人の著者は、国境付近で暮らす少数派は国境の反対側付近で暮らす少数派と似ているという（外生的な）事実を利用して、この相関関係は因果関係でもあることを示した。次を参照のこと。A. Banerjee et R. Pande,« Parocchial Politics : Ethnic Preferences and Politician Corruption », CEPR, Discussion Paper, 2007, cité par A. Alesina et K. Zhuravskaya, « Segregation and the quality of government in a cross- section of countries », *American Economic Review*, vol. 101, n° 5, 2011.

‡32 M. Maffesoli et B. Perrier, *L'Homme postmoderne*, Paris, Les Pérégrines, 2012.

‡33 F. Jameson, *Postmodernism, or, the Cultural Logic of Late Capitalism*,Verso,1991.

‡34 歴史家ペリン・シモン=ハームはこうした見方を新たなニヒリズムと解釈する : Les Déraisons modernes, Éditions de l'Observatoire, 2021.

‡35 カリフォルニア州は、独立請負業者を従業員とするようにウーバーに命じたアメリカで最初の州だ。

‡36 社会的な観点からの企業の格付けはすでに始まっているが、法的な影響力がまったくないため、まだ大きな動きにはなっていない。

‡37 G. Mentré, Démocratie. *Rendons le vote aux citoyens*, Paris, Odile Jacob, 2022.

第6章　冬来る

‡1　フランスの経済分析委員会の研究によると、危機に直面した際の国のレジリエンスは、行政機関や自国民に対する個人の信頼の質と密接な関係があることがわかったという。Y. Algan et D. Cohen, « Les Français au temps de la Covid : économie et société face au risque sanitaire », Conseil d'analyse économique, n° 66.

‡2　ロックダウン中に多発した家庭内暴力は、ロックダウンによって明らかになった病理の表われだった。

‡3　Y. Algan, D. Cohen, M. Foucault et S. Stancheva, « Trust in scientists in times of pandemic », Proceedings of the National Academy of Science, 2021.

‡4　流動的な研究と、理論からの得られる知識（例：重力、ばい菌）とは異なることを理解してもらうのは難しい。

‡5　M. Dewatripont, « Vaccination in the midst of an epidemic », Bruxelles, CEPR, 2021.

‡6　1850年以降の排出総量は、ヨーロッパと北米が39%、アジアが20%、アフリカが7%だ。

‡7　温室効果ガスの排出量は1990年のときよりも54%増加している。排出量の増加率は、2000年から2009年までは2%だったが、2010年から2019年までは1.3%と減少し、ＧＤＰ当たりの二酸化炭素排出量は年率2%低下した。ＩＰＣＣは2030年までに排出量を半減させるように求めている。平均気温の上昇を1.5度までに抑えるには、排出量のピークを遅くとも2025年までに迎え、その後2050年までに排出量をゼロにする必要がある（2度の場合では、2070年まで）。

‡8　再生可能エネルギーのコストは、太陽光発電は85%、風力発電は55%、リチウム電池は85%というように、すでに大幅に下落した。もちろん、エネルギーを貯蔵する効率的な手法は不足している。水素や革新的な電池に関する研究を強化する必要がある。

‡9　『崩壊学——人類が直面している脅威の実態』、パブロ・セルヴィーニュ、ラファエル・スティーヴンス著、鳥取絹子訳、草思社、2019年。

‡10　Y. Citton et J. Rasmi, *Générations collapsonautes*, Paris, Le Seuil, 2020. デュピュイは『*La Catastrophe ou la vie*』（Paris, Le Seuil, 2021）において破局論を再び説いている。

‡11　C. Ben Lakhdar, Addicts. Les drogues et nous, Paris, Le Seuil, 2020.

‡12　カーボンプライシングによっても、再生可能エネルギーの台頭によって化石燃料の価格が下落するという致命的な罠を避けることができるはずだ。

‡13　コロナ危機から脱したとき、フランス人の77%は気候変動の危険性を認識していると答えたが、フランス人の懸念事項の順位は、購買力（44%）、健康（33%）、気候（32%）だった。

第7章　一〇〇年後

‡1　A. Johnson Coale et S. Cotts Watkins, *The Decline of Fertility in Europe*, Princeton University Press, 1986. フランスは他のヨーロッパ諸国よりも100年も早く人口の転換期を迎えた。これは産業革命と大規模な都市化が始まる以前の話だ。一方、イギリスの人口は、大きな工業都市が形成されてからしばらく経った後に減少した。

‡2　Lire Eliana La Ferrera et al., « Soap operas and fertility »,

American Economic Journal : Applied Economics, 4 (4), 2012.

‡3 支出全体に占める割合は、食料とタバコは32%から19.5%、衣服は12%から3%、家庭用品は8.5%から4.5%になった。

‡4 自動車は10.5%から14%、住宅（光熱費を含む）は11.5%から26.5%になった。

‡5 R. Layard et al., *The Origins of Happiness*, Princeton, Princeton University Press, 2018.

‡6 D. Cohen, C. Senik et al., *Les Français et l'Argent*, Paris, Albin Michel, 2021.

‡7 共感力は「ミラーニューロン」によって生み出される。被験者（ヒトや猿）は、仲間が水を飲んでいる姿を見ると唾を飲み込み、仲間が何か食べている姿を見ると空腹を覚える。われわれは、他者の行動や他者が置かれている状況があたかも自分自身のことであるかのように、他者の行動を自身の精神に統合してしまう。

結論にかえて

‡1 B. Lacroix, *L'Utopie communautaire : Mai 68, l'histoire sociale d'une révolte*, Paris, PUF, 1981.

装丁　緒方修一

著者略歴
ダニエル・コーエン[Daniel COHEN]
1953年、チュニジア生まれ。フランスの経済学者・思想家。パリ高等師範学校経済学部長。2006年、トマ・ピケティとパリ経済学校（EEP）設立。国家債務を専門とし、ボリビア、ギリシア、エクアドルなどの政府アドバイザーとしても活躍。『ル・モンド』論説委員。著書は多数あり、多くの言語に翻訳出版されている。邦訳書に、『迷走する資本主義』（新泉社）、『経済と人類の1万年史から、21世紀世界を考える』、『経済は、人類を幸せにできるのか?』（作品社）、『経済成長という呪い』（東洋経済新報社）、『ホモ・デジタリスの時代――AIと戦うための（革命の）哲学』（白水社）。

訳者略歴
林昌宏[はやし・まさひろ]
1965年、名古屋市生まれ。翻訳家。立命館大学経済学部経済学科卒業。主要な翻訳書に、ダニエル・コーエン『ホモ・デジタリスの時代――AIと戦うための（革命の）哲学』（白水社）、『経済成長という呪い　欲望と進歩の人類史』（東洋経済新聞社）、ジュリアーノ・ダ・エンポリ『クレムリンの魔術師』、ブリュノ・パティノ『スマホ・デトックスの時代――「金魚」をすくうデジタル文明論』、フランソワ・エラン『移民とともに　計画・討論・行動するための人口統計学』（白水社）、ジャック・アタリ『海の歴史』、『命の経済　パンデミック後、新しい世界が始まる』、『食の歴史　人類はこれまで何を食べてきたのか』（プレジデント社）など。

AI時代の感性
――デジタル消費社会の「人類学」

2023年 8 月20日 印刷
2023年 9 月10日 発行

著　者© ダニエル・コーエン
訳　者© 林昌宏
発行者　岩堀雅己
発行所　株式会社白水社
電話　03-3291-7811（営業部）7821（編集部）
住所　〒101-0052 東京都千代田区神田小川町3-24
www.hakusuisha.co.jp
振替　00190-5-33228
編集　和久田賴男（白水社）
印刷　株式会社理想社
製本　加瀬製本
乱丁・落丁本は送料小社負担にてお取り替えいたします。

ISBN978-4-560-09372-6
Printed in Japan

ホモ・デジタリスの時代

AIと戦うための（革命の）哲学

ダニエル・コーエン 著／林 昌宏 訳

AI時代の労働はどうなる？　GAFAなどデジタル社会の覇者とどう付き合うべきか。一九六八年パリ五月革命以後の世界史から経済を説く。

クレムリンの魔術師

ジュリアーノ・ダ・エンポリ 著　林 昌宏 訳

ウクライナ戦争はなぜ起きた？　プーチンの「演出家」の告白をもとに、ロシアの権力の歴史をリアルに描く政治小説。バルザック賞受賞。

スマホ・デトックスの時代

「金魚」をすくうデジタル文明論

ブリュノ・パティノ 著　林 昌宏 訳

フランス発、スマホ依存症を脱するための処方箋！　アテンション・エコノミーに警鐘を鳴らし、新しいデジタルメディア環境を説く。